Julián Marías
La España posible
en tiempo de Carlos III

Ensayo/35

Julián Marías

La España posible
en tiempo de Carlos III

Planeta

COLECCIÓN ENSAYO

Dirección: Rafael Borràs Betriu

Consejo de Redacción: María Teresa Arbó,
Marcel Plans, Carlos Pujol y Xavier Vilaró

© Julián Marías, 1988

Editorial Planeta, S. A., Córcega, 273-277,
08008 Barcelona (España)

Diseño colección y cubierta de Hans
Romberg (realización de Jordi Royo)

Ilustración cubierta: fragmento de «La feria
en la plaza de la Cebada», de M. de la Cruz,
Museo Municipal, Madrid (foto AISA)

Primera edición: enero de 1988

Depósito legal: B. 47.295-1987

ISBN 84-320-3685-4

Printed in Spain - Impreso en España

Talleres Gráficos «Duplex, S. A.», Ciudad de
la Asunción, 26-D, 08030 Barcelona

Prólogo a una nueva edición

Este libro, que ahora reaparece, coincidiendo con el segundo centenario de la muerte de Carlos III, se publicó por primera vez en 1963. Era, como verá el lector en el prólogo de su primera edición, el primer volumen de una serie de Estudios de Humanidades proyectadas por el Seminario de Humanidades que dirigí durante muchos años.

Este libro tenía algunas novedades. La principal, dar a conocer y comentar ampliamente un desconocido manuscrito de 1773, que poseo, y que revela una figura original del siglo XVIII español. Todavía en esa fecha, hace un cuarto de siglo, el XVIII era tierra bastante incógnita. Muy pocos estudios adecuados existían sobre un periodo histórico cuya riqueza se va descubriendo poco a poco, y empieza a resultar deslumbradora.

Para comprender ese manuscrito, firmado por «Pedro Fernández», era menester reconstruir su contexto, el mundo en que se escribió. Su autor era un escritor excelente, radicalmente español, pero no menos europeo; tenía, además, un curioso «patriotismo histórico», una «lealtad» sorprendente al siglo XVIII, a la España de Carlos III, a la cual se sentía orgulloso de pertenecer.

¿Cuál era la situación de España en ese tiempo, cuáles sus proyectos, sus esperanzas, sus amenazas, sus zozobras? ¿Hasta qué punto era real la figura que intentaban imaginar algunos ilustrados? ¿Con qué hostilidades manifiestas o encubiertas tenían que enfrentarse? ¿Cómo se sentían en Europa? ¿Cómo reaccionaban a aquel extraño reverdecimiento de la «Leyenda Negra», cuando nada parecía justi-

5

ficarla? Éstas eran algunas de las cuestiones que era menester aclarar.

En este libro di algunos pasos en esa dirección. Encontré, y sobre todo leí, libros y documentos desconocidos u olvidados, que permitían comprender mejor esa época de interés apasionante, clave de toda la historia posterior. Se fue depositando en mi ánimo la convicción de que, después de la muerte de Carlos III, muchas posibilidades se habían extinguido; pero que mientras vivió, una España mejor, más rica, interesante, libre y civilizada, había llegado a ser realmente posible, no sólo un ideal o un sueño.

Las causas de este retroceso tenían su principal origen fuera de España. A la muerte de Carlos III en 1788 siguió inmediatamente el comienzo de la Revolución francesa —que había de retrasar tanto el establecimiento de la libertad política en Francia, hasta 1830, porque los extremistas son siempre el freno de la historia—. Los sucesos de Francia desencadenaron en España un proceso que he bautizado hace muchos años como radicalización inducida, y que es una categoría histórica que permite comprender muy diversas crisis, con gran evidencia en nuestro tiempo.

Con todo, el movimiento de desarrollo cultural, económico, político no se detuvo enteramente, en ciertas dimensiones se consolidó: las formas de la vida española del siglo XVIII se prolongaron durante todo el reinado de Carlos IV, hasta la invasión francesa por las tropas napoleónicas en 1808. Pero —y esto es lo que mostraba claramente este libro— las cosas se hicieron más difíciles, las resistencias fueron enérgicas y particularmente torpes, asomaron también brotes extremistas bien ajenos a los ilustrados españoles de todo el siglo XVIII.

Se veía con extremada claridad que la Ilustración española, menos brillante que la francesa, menos apoyada por la sociedad, incomparablemente menos aireada y promovida por la propaganda, era mucho más responsable. La irresponsabilidad intelectual que domina casi toda Europa desde el siglo XVIII —véase mi libro España inteligible si se quiere comprobarlo— fue casi enteramente ajena a los modestos, veraces, esforzados intelectuales españoles de aquel tiempo. La consecuencia de ello fue su frecuente acierto: cuando los leemos —y hay que leerlos si se quiere saber quiénes somos y qué podemos esperar— vemos que la mayor parte de sus escritos tienen validez y reclaman nuestro asentimiento, al revés de lo que sucede con inquie-

tante frecuencia cuando leemos a los famosos represen-
tantes de la Ilustración en otros países.

Desde Felipe V, España había entrado en un camino
particularmente fecundo; el reinado de Fernando VI se-
ñaló la consolidación y elevación de lo ya alcanzado; pero
fue sobre todo el reinado de Carlos III (1759-1788) la cul-
minación de los esfuerzos y las esperanzas del siglo. Nunca
había sido España tan verdaderamente una nación; nun-
ca había estado tan unida como entonces, antes de que se
deslizaran tentaciones que habían de tener después tan
graves consecuencias; nunca se habían articulado tan bien
el impulso ilustrado hacia lo culto y europeo, que exigía
la recuperación del tiempo perdido a fines del siglo ante-
rior, la superación del aislamiento, con el tirón hacia las
raíces, hacia lo verdaderamente popular. El conocimiento
de esta época es condición inexcusable para tomar posesión
de la nuestra y proyectarnos inteligentemente hacia el fu-
turo.

Desde que este libro se escribió, se han sucedido, en
España y en otros países, estudios valiosos sobre el si-
glo XVIII. Es sorprendente lo que ha avanzado su descu-
brimiento en los tres últimos decenios. Personalmente, cada
vez me ha interesado más, y he completado mi visión con
otros saberes y más reflexiones. Esta edición incorpora
una serie de escritos que son complementos posteriores del
libro originario; estas adiciones vierten nueva luz sobre el
texto de 1963. En 1988 se va a recordar el centenario de
Carlos III, se va a intentar hacer el balance de su época;
sería menester verlo como una posibilidad, en la cual po-
demos apoyarnos para avanzar en la historia. Esto es lo
que me ha llevado a dar esta visión renovada de La España
posible en tiempo de Carlos III.

JULIÁN MARÍAS

Madrid, noviembre de 1987.

Prólogo

Se inicia con este volumen una serie de Estudios de Humanidades, que recogerá trabajos del Seminario de Estudios de Humanidades, organizado en Madrid, bajo mi dirección, en 1960, por la Sociedad de Estudios y Publicaciones, con una generosa ayuda de la Ford Foundation. Los estudios actualmente en curso, y que constituirán los primeros volúmenes de la serie, se esfuerzan por investigar desde diversos puntos de vista problemas referentes a la estructura social de España.

Hace ya mucho tiempo que resulta evidente la imposibilidad de comprender la realidad española actual sin tener una idea adecuada de la génesis y la historia de esa sociedad que llamamos España. No es menos claro que ese conocimiento no puede alcanzarse sin recursos metódicos suficientes, lo cual quiere decir, sobre todo, conceptos rigurosos y controlables acerca de la sociedad y la historia. Por otra parte, todo intento de interpretación de tan compleja realidad que no parta de un conocimiento empírico minucioso y preciso de su objeto tiene que reducirse a una conjetura más o menos plausible o a una construcción en la que el azar o el capricho tendrán forzosamente un papel excesivo.

Esto nos ha llevado a la convicción de que un trabajo en equipo es absolutamente necesario si se quiere responder con algún rigor y bastante certeza a las preguntas apremiantes por la realidad española que nuestro país se ha hecho, con tenacidad casi obsesiva, a lo largo de cuatro siglos. Ningún hombre solo, por grandes que sean *sus recursos, puede manejar los materiales requeridos; tampoco es suficiente la acumulación de datos, ni siquiera la elaboración de estudios inconexos y que no estén inspirados por un plan unitario y se sirvan de métodos y conceptos capaces de comprender efectivamente las realidades que manejan. Ésta es la justificación del Seminario de Estudios de Humanidades y, concretamente, de esta primera fase de sus investigaciones.*

Sus propósitos son, a la vez, ambiciosos y sumamente modestos. Se trata de comprender la realidad histórico-social de España, y esto significa una ambición intelectual considerable, y cuyos riesgos no se nos ocultan. Pero no perdemos de vista que esto requiere una labor de muchos años y que no puede acometerse de frente y de una vez. Tenemos que contentarnos con partir de lo más próximo, para intentar avanzar en su día hacia otras lejanías o, si se prefiere, retroceder hacia los orígenes de la sociedad presente. Por eso hemos reducido por ahora el campo de nuestra investigación a la España de los siglos XVIII al XX, y, sobre todo, al periodo 1750-1850. Hubiera sido más cómodo y más breve limitarnos a la España estrictamente contemporánea, ya que lo que últimamente nos interesa es el esclarecimiento de su realidad actual; pero hubiera sido un error que nos habría condenado, desde luego, al fracaso: la realidad presente no es inteligible sin verla originarse; ahora bien, la España de nuestro tiempo presenta caracteres que se constituyen, casi sin excepción, desde mediados del siglo XVIII hasta el final de la época romántica; si se estudia atentamente este tiempo, se puede asistir al nacimiento de la mayoría de los rasgos que constituyen, a la vez, nuestros recursos y nuestros problemas; no es difícil ver, en mayor simplicidad y, por decirlo así, en estado naciente, lo que en toda su complicación real es nuestra circunstancia efectiva.

El pensamiento español de nuestro siglo ha dado pasos decisivos para llegar a una teoría adecuada de la vida histórica y social. Si no me engaño, los métodos y conceptos sociológicos e historiológicos pensados en nuestro país y en nuestra lengua durante los últimos cincuenta años representan un nivel no alcanzado antes ni en otros lugares, y su fecundidad parece muy grande. Se trata de aprovechar estos recursos para la investigación de nuestra realidad nacional e impedir que, como tantas veces en España, los mejores hallazgos sean pasados por alto y olvidados, para recaer una vez y otra en diversas formas de primitivismo. Esta voluntad explica la constitución del Seminario, y el hecho de que esté al frente de él una persona de mi concreta formación intelectual.

Para nadie es un secreto, en efecto, que mi erudición es mínima, por no decir nula, y que estoy muy lejos de poder manejar personalmente los abundantes materiales necesarios para la comprensión de la realidad histórico-social de España; por eso justamente estoy persuadido de que esto sólo puede lograrse mediante un largo trabajo de colaboración. Y que ésta sólo puede mantenerse, sin disgregarse en indagaciones inorgánicas y poco significativas, si está regida por un propósito intelectual coherente y un sistema de conceptos que permitan aprehender sistemáticamente esa huidiza realidad.

Pero no es esto sólo: el método de investigación que me parece más fecundo no es una mera construcción especulativa: su propia realidad metódica sólo se desarrolla y perfecciona al intentar aprehender, efectivamente, lo concreto y empírico. Quiero decir que es menester el manejo inmediato de las realidades para que ese método termine de constituirse y alcance su madurez y su plena eficacia. Por eso los colaboradores del Seminario son, y especialmente los directores de sus diversas secciones, tanto o más que especialistas competentes en un campo determinado, hombres de pensamiento, capaces de contribuir decisivamente a la perfección de esos métodos: los nombres de Pedro Laín Entralgo, Enrique Lafuente Ferrari, Rafael Lapesa, José Luis Aranguren y Melchor Fernández Almagro dicen por sí mismos más que cuanto yo pudiera añadir; y ellos son, junto con nuestros colaboradores más jóvenes, el mejor fundamento de mis esperanzas en este Seminario.

Estos Estudios de Humanidades *se inician con un trabajo mío, cuya finalidad principal es presentar a los lectores un manuscrito de 1773 que, hasta donde llegan mis noticias —siempre escasas y no muy seguras—, no ha sido nunca impreso hasta ahora y ninguna vez comentado; por lo menos, no he conseguido encontrar la menor referencia a él. El lector podrá comprobar hasta qué punto se trata* de un texto excepcional en muchos sentidos, que representa una madurez de pensamiento y un nivel insólitos en su época y no frecuentes en ninguna otra.

Mi propósito era transcribir y editar este manuscrito, con una breve introducción en que se dieran las indispensables aclaraciones. Pero una comprensión adecuada del texto requiere algo más: el establecimiento de su verdadero contexto. Ocurre, sin embargo, que el siglo XVIII es una de las zonas de nuestra historia más deficientemente conocidas; a pesar de la existencia de unos cuantos libros espléndidos sobre él —principalmente franceses y americanos—, todavía estamos muy lejos de tener una idea aceptable de su historia, de sus condiciones sociales, de su pensamiento, de su más fina estructura y el proceso de su variación. El manuscrito que aquí publico sólo adquiere su auténtica significación y muestra su valor si se lo sitúa dentro de una corriente de pensamiento, de caracteres sumamente dramáticos, a pesar de la habitual compostura del siglo, que es menester recordar a los entendidos y contar a los menos informados. Por esto he tenido que ampliar la introducción hasta alcanzar las proporciones de un breve libro, que presenta, en una sección determinada, buena parte de los más entrañables temas que constituyeron la vida española en la segunda mitad del siglo XVIII y, en forma distinta, perviven en la segunda mitad del siglo XX.

JULIÁN MARÍAS

Madrid, junio de 1963.

La cultura de la Ilustración

La cultura del siglo XVIII hace suya la interpretación *visual* del conocimiento, que desde Grecia había sido dominante, aunque había compartido ese dominio con otras. La metáfora de la luz y las que se refieren a la visión son constantes, desde la palabra *idea* hasta la idea de *alétheia* o descubrimiento y la noción de claridad; pero el «sabio», *sapiens*, nos recuerda la aproximación entre la sabiduría y el saber, y la Edad Media no olvida que la fe viene del oído *(fides ex auditu)*, y el aristotelismo nunca perdió la referencia al tacto y a la mano.

El siglo XVIII se va a ver a sí mismo como «el siglo de las luces»; los nombres que va a escoger para llamarse serán Ilustración, *Illuminismo, Enlightenment, Aufklärung*; se opondrá a los «siglos oscuros» o *Dark Ages*. Una pasión de ver —de ver claro, sin oscuridad alguna— domina esta época. Quizá esa misma pasión lleva a omitir ver —como se puede— lo que no es claro. El siglo XVIII no puede soportar el misterio. El título del famoso libro de Toland, *Christianity not Mysterious*, es revelador. ¿Y si el cristianismo fuese misterioso? ¿Y si la realidad, o por lo menos parte de ella, fuese misteriosa?

Hay que decir que la cultura de la Ilustración no es excesivamente creadora. Sustancialmente vive de la herencia del siglo anterior, de los descubrimientos científicos, sobre todo filosóficos, del XVII. Galileo, Descartes, Malebranche, Pascal, Spinoza, Newton, Leibniz, éstos son los nombres verdaderamente creadores, los que descubren nuevas perspectivas y amplias zonas de realidad, que el

13

siglo XVIII va a explorar, de las cuales va a tomar posesión. El P. Juan Andrés, jesuita español, espíritu ilustrado, lleno de entusiasmo por su tiempo, reconoce expresamente, a fines del siglo, que el suyo, el XVIII, no puede compararse con el anterior en el alumbramiento de nuevas ideas y doctrinas. Más aún: los grandes creadores del siglo XVIII —Kant, Goethe, Vico—, los más innovadores, no son propiamente «ilustrados», no se pueden reducir a la mentalidad de la Ilustración, sino que la rebasan y en no pocos sentidos se oponen a ella.

La innovación de la Ilustración —que es muy grande— no es propiamente intelectual, sino *social*. Durante el siglo XVIII acontece lo que sólo se había iniciado en el XVII, lo que fue estorbado extraordinariamente por la guerra de los Treinta Años y por las devastaciones y tensiones que dejó detrás: la incorporación de grandes minorías, y en algunos lugares de las masas, a la vida histórica y cultural.

Con ello se avanza hacia una forma de sociedad que serán los *pueblos*. Se empieza a hablar de España como un país —no una realidad geográfica—; a la expresión «la Monarquía española» va a ir sucediendo «la Nación española»; el soldado francés herido en la batalla de Valmy, a quien Goethe vio caer, grita *«Vive la Nation!»*, y Goethe comprende que ha empezado una época nueva; es el tiempo en que se habla de *le peuple français*. Y paralelamente, en las disciplinas intelectuales, Voltaire deja de considerar la historia como relato de sucesos extraordinarios y que afectan a personas relevantes, y escribe su *Essai sur les moeurs et l'esprit des nations*, de donde saldrá el concepto alemán del *Volksgeist*, el «espíritu nacional» o «espíritu del pueblo», que dominará la historiografía romántica.

Las consecuencias son muy graves. Los países aparecían representados por sus Reyes, que en alguna medida los encarnaban, en todo caso eran el vínculo unificador; de manera creciente surge ahora la presencia directa del *pueblo* como tal, que adquiere *conciencia expresa* de sí mismo. De este estado de ánimo brotaría irremediablemente la noción de *soberanía nacional*.

Si atendemos ahora a lo que podríamos llamar la mentalidad del siglo XVIII, a lo que representa como novedad la estructura de la mente en la sociedad ilustrada, encontramos una ruptura del viejo equilibrio entre ideas y creencias. Siempre, en toda la historia humana conocida, el hombre ha vivido primariamente de sus creencias sociales; la función de las ideas ha sido la de suplir las creencias fallidas o dudosas o ausentes. «Tenemos» ideas —enseñó Ortega hace muchos años—, pero las creencias nos «tienen» o «sostienen». En el siglo XVIII se produce un increíble aumento de la *vigencia* de las ideas. Vigencia quiere decir vigor, fuerza. Las ideas de la Ilustración no son ni más originales ni más verdaderas que las del siglo anterior —al contrario, lo son menos—: son *más fuertes* (curioso adjetivo, por cierto, para ser aplicado al sustantivo «idea»).

No quiere esto decir que el siglo XVIII no viva sobre todo de sus creencias; pero las minorías ilustradas, asentadas sobre una enérgica creencia en las ideas, intentan vivir de éstas y tienen una extraordinaria fuerza de irradiación sobre buena parte de las sociedades europeas. Esto acontece en dos formas principales, que podríamos llamar seducción y prestigio. El talento literario de muchos ilustrados —Voltaire, Diderot, Montesquieu, Rousseau, Lessing, Jean-Paul, Johnson, Pope, Feijoo, Cadalso y tantos otros— los hace particularmente persuasivos. Por primera vez, escritores de carácter ideológico tienen un público muy amplio, que rebasa el círculo de los especialistas, de los intelectuales. Si se piensa que a mediados del siglo XVIII se vendieron unos 400 000 volúmenes de Feijoo, del *Teatro crítico universal* y las *Cartas eruditas y curiosas*, en un país de apenas 10 millones de habitantes, compuesto, como toda la Europa de aquel tiempo, de una enorme mayoría de campesinos iletrados, con una reducida minoría de lectores potenciales, asombra el grado de difusión y por tanto de eficiencia social. Si se tiene en cuenta que la acción crítica de Feijoo se orientó inicialmente —y en cierta medida siempre— a la medicina, a combatir los «errores arraigados» —es decir las creencias sociales falsas— que dominaban al pueblo y a la mayor parte de los médicos, se puede inferir lo que su obra significó para modificar lo que podríamos llamar la mentalidad médica en la España de Felipe V, Fernando VI y Carlos III.

La consecuencia de esto fue el prestigio y, con un paso más, la autoridad de los ilustrados. Los *philosophes* ejercen en toda Europa, pero sobre todo en Francia, una autoridad que puede compararse con la de la Iglesia y en buena medida se contrapone a ella. Son las dos grandes instancias —una ascendente y otra descendente— del «poder espiritual», donde hay que subrayar la palabra *poder*. La *Enciclopedia* de d'Alembert y Diderot —la *Encyclopédie ou Dictionnaire raisonné des Arts, des Sciences et des Métiers*— se convierte precisamente en eso, en una instancia a la que se recurre —como a la Biblia o la *Summa theologiae*— para orientarse, opinar, decidir. Esto se había preparado ya con el Diccionario de Moreri, más aún, en el umbral del siglo, con el prodigioso *Dictionnaire historique et critique* de Pierre Bayle, con la *Cyclopaedia* de Chambers. Pero es la *Encyclopédie* la que establece la vigencia saturada de las ideas de la Ilustración, que todavía se refuerza con la edición de la *Encyclopédie Méthodique* de Panckoucke, hasta el punto que la palabra «enciclopedista» va a reemplazar con frecuencia a *philosophe* o «ilustrado». Estas obras son la artillería pesada que va a asegurar la fuerza o vigencia de las ideas en el siglo XVIII.

El mecanismo por el cual se opera ese desplazamiento del predominio usual de las creencias hacia las ideas es que *la creencia básica del siglo XVIII es la creencia en la razón*. A última hora se trata de una realidad *credencial*, pero su contenido es precisamente *ideas*. Es una vez más el siglo XVII el origen de esta actitud. El racionalismo es la gran creación de la filosofía —y de la ciencia— del siglo de Galileo y Descartes; pero mientras estos hombres y sus contemporáneos viven en medio de una sociedad que no comparte esa nueva creencia, esa gran fe en la razón, las cosas cambian en el siglo XVIII. No se olviden las presiones a que están sometidos los hombres de vanguardia en el XVII. Todo el mundo recuerda la forzada retractación de Galileo ante el Santo Oficio en 1633, la hostilidad a Descartes de la Sorbona y de los jesuitas, que le llevó a vivir tantos años en Holanda —la tierra más libre de Europa en aquella época—, donde todavía tuvo que soportar no pocas molestias de los ministros calvinistas, donde Spinoza fue expulsado de la Sinagoga y tuvo que sufrir más de un tropiezo, pero no se atrevió a cambiar los Países Bajos por la Universidad de Heidelberg, temiendo perder en libertad lo que iba a ganar en dinero, facilidades y quizá prestigio. Los hombres de pensamiento del siglo XVIII pisan más fuerte, aunque acaso no piensen tan fuertemente como sus antecesores.

Conviene, sin embargo, no exagerar las cosas. Las minorías intelectuales todavía en la época de la Ilustración, son estrictas minorías, en algunos países exiguas minorías, rodeadas por una sociedad bien distinta de ellas, en muchos sentidos opuesta. En España esta tensión reviste la forma de la alternativa entre Ilustración y popularismo, que Ortega estudió agudamente en su *Goya* y que he examinado con bastante atención en *La España posible en tiempo de Carlos III* y en *Los Españoles*. La libertad religiosa había conseguido establecerse en cierto grado —en buena medida, por la incapacidad de decisión de la guerra de los Treinta Años, que forzó a católicos y protestantes a convivir sin destruirse y en 1648 dio con la Paz de Westfalia la pauta de la nueva Europa pacíficamente escindida—; pero, aparte de las recaídas (revocación del Edicto de Nantes, opresión de los católicos en Irlanda, reactivación de la Inquisición española durante el proceso de Olavide), no se puede olvidar que en temas extrarreligiosos, aunque implicados en la religión, el racionalismo se enfrentaba con arraigadas supersticiones y creencias tradicionales: los procesos de brujería son constantes —en España más infrecuentes—, sobre todo en Alemania, y durante casi todo el siglo XVIII se sigue ahorcando y quemando a millares de infelices, sobre todo mujeres. Baste recordar, por otra parte, los esfuerzos de Beccaria —*Dei delitti e delle pene*— y de Voltaire —proceso Calas, por ejemplo— para racionalizar y humanizar a un tiempo el derecho penal y la administración de la justicia.

Pero, aun siendo minorías, los ilustrados eran eso, minorías: lo que nunca habían sido, porque no habían pasado de individuos que se comunicaban personalmente entre sí, se escribían cartas o se visitaban, de un país a otro, humanistas o filósofos o médicos, sin tener ninguna realidad *social* en que apoyarse.

Agréguese todavía, porque es un rasgo esencial, que mientras la cultura europea, entre fines del XV y fines del XVII, había estado confinada en unos cuantos países, al menos con densidad suficiente, el XVIII asiste a la universalización dentro de Europa de los mismos principios y las mismas ideas. La Europa del Sur y la del Norte, incluso en buena proporción del Oriente europeo, con una «cabeza de puente» en Rusia, cuyo símbolo fue San Petersburgo, se incorporan al núcleo occidental y extienden las vigencias ilustradas por todo el Continente. Por eso el español Antonio de Capmany puede escribir en 1773 que «Europa es una escuela general de civilización».

Hemos visto que la creencia básica del siglo XVIII es la creencia en la razón. Esto produce una profunda confianza en la posibilidad de comunicación entre los hombres, que va a llevar a una unificación y homogeneización que Europa nunca había conocido. La razón es una, la misma para todos los hombres, y en la medida en que domina, la coincidencia es necesaria. Pero, al hacerse inercial y en cierto modo automática la convicción que se había ido imponiendo creadoramente y en estado de alerta a los hombres del siglo XVII, es decir, al funcionar como creencia —y en ese sentido de manera irracional o al menos no plenamente racional—, esta razón se interpreta con cierta trivialidad y se la asimila a sus formas más simples.

El siglo XVII había alcanzado un éxito incalculable con la constitución de la física moderna, iniciada en Copérnico pero madura en Kepler, Galileo, Huygens, el propio Descartes, Boyle, Leibniz, Newton. Esta física era física matemática, en buena medida la aplicación del análisis y la geometría a la naturaleza. La tentación fue identificar la razón con la matemática, y esto es lo que acontece en el siglo XVIII. Incluso Kant, que excede tanto de las limitaciones de la Ilustración, cuando escribe la *Crítica de la razón pura* tiene ante los ojos, como modelo de la ciencia, la física de Newton.

Lo más grave es que esta «matematización» de la razón hace que el pensamiento ilustrado se deslice cada vez más hacia lo cuantitativo y mecánico. Las consecuencias son devastadoras cuando se trata de realidades de estructura distinta, sobre todo la realidad humana. El mecanicismo en una u otra forma amenaza todas las formas de la antropología ilustrada; la forma extrema es la que expresa ingenuamente el título del libro de La Mettrie: *L'homme machine*, pero salvo la ingenuidad, la misma tendencia aparece en los estudios sobre lo humano de casi todos los enciclopedistas. (Es curioso que ahora, al cabo de dos siglos, se esté recayendo en una mentalidad muy parecida; hacia 1880 hubo otra recaída muy semejante.)

Esta actitud intelectual de la Ilustración —anticipada, por ejemplo, en Malebranche, aunque mitigada en él por la vertiente religiosa de su pensamiento— llevó a omitir o postergar todo lo que no se ajustaba a ese esquema: la historia, la pasión, lo individual e irreductible. Es cierto que, a pesar de ello, el pensamiento ilustrado hizo avanzar enormemente los estudios históricos, pero puede verse —y en mi *Introducción a la Filosofía* lo mostré hace muchos años— que hasta Voltaire, que está creando una nueva forma de historia, no puede escapar a un naturalismo que la anula.

Claro es que la realidad no tolera amputaciones, se venga siempre, y reaccionó contra la actitud ilustrada, en forma extrema, en el Romanticismo, el Idealismo alemán y, finalmente, en el historicismo. Y las consecuencias últimas no quedaron ahí, sino que, en la segunda mitad del siglo XIX, se produce la inversión completa del racionalismo ilustrado, en el *irracionalismo* que tanto ha costado superar a nuestro tiempo para reconquistar, en forma plena, adecuada y no abstracta, la *razón*.

La uniformidad que el racionalismo introduce, al exigir a la realidad que se comporte como la razón humana —entendida en su forma matemática y abstracta—, logra sin duda una aproximación de toda Europa —y de América en la medida en que se incorpora al mismo mundo intelectual—, pero a costa de una simplificación y un empobrecimiento cuyas consecuencias serán graves, en la teoría como en la vida política y social. Y, una vez más, la reacción no se hará esperar: la erupción de los nacionalismos en el siglo XIX, de tan atroces consecuencias en nuestro tiempo, no puede entenderse más que a la luz del universalismo abstracto de la Ilustración, que llegó a sus últimas consecuencias con el espíritu animador de la Revolución francesa.

Una tendencia *practicista* se encuentra ya en el pensamiento del siglo XVII. Si lee atentamente a Descartes se ve claramente que se proponía la transformación y manejo de la realidad mediante la física, que desde el comienzo adquiere en la Edad Moderna un carácter *técnico*. La física —ha dicho Ortega— aparece como el más poderoso instrumento de felicidad. Las últimas páginas del *Discours de la méthode* son prueba suficiente. De ahí arranca la técnica física (y naturalmente química), y muy en primer lugar la idea de una *medicina científica* basada en el conocimiento anatómico y fisiológico que esa nueva forma de investigación —el nuevo método racional— va a permitir.

Cuando esta mentalidad se traslada a la convivencia humana, al estudio de la sociedad y las relaciones entre los hombres, lleva —con eficacia y riesgos a un tiempo— a una *politización* cuya temperatura va a subir a lo largo de todo el siglo XVIII, hasta la explosión de 1789. Lo característico de esta actitud, lo específicamente racionalista, es la creencia en que la realidad se *debe* ajustar a los dictados de la razón, que ésta puede imponerle sus normas, que no hay una estructura de lo real capaz de rechazarla o exigir que el pensamiento se adapte a ella. La consecuencia es triple: universalidad, utopismo y predominio del *wishful thinking* o «pensamiento desiderativo».

La Revolución francesa va a proclamar *les droits de l'homme et du citoyen* sin más restricciones: ni locales ni históricas; sus principios serán válidos para cualquier sociedad, en cualquier tiempo y lugar; es decir, se instaura la idea del gobierno «por principios». Sería injusto negar la eficacia difusiva que esa actitud lleva consigo; pero bien claras son las consecuencias de la violencia que ejerce sobre las formas de la realidad; todavía llegan hasta nosotros —y en forma bien dramática— las salpicaduras de esta posición ilustrada: desde la idea de las «Naciones Unidas», en que sociedades enteramente heterogéneas funcionan como si fueran análogas, hasta las diferentes «Internacionales» que desde mediados del siglo XIX han actuado enérgicamente en el mundo, cualquiera que fuese la estructura de los países y los grupos sociales sobre los que ejercían su influencia.

La dimensión de utopismo es inseparable de este planteamiento; el esquematismo de lo que es «en principio lo mejor» se convierte en la regla que decide la conducta. La tentación constante es pasar por alto lo que no encaja con el modelo adoptado o preferido. Aparece como un resto de irracionalidad destinado a ser superado. Lo mismo que Malebranche desdeñaba todo lo que «Adán no pudo conocer» (y por tanto la historia), se limitaba a lo que se deriva del puro funcionamiento de la «razón» —sin advertir que la razón concreta y real es *razón histórica*—, el pensamiento de la Ilustración sustituye lo que las cosas son —porque han llegado a ser así— por una construcción racional.

Un paso más es el «optimismo de la razón», la creencia de que la realidad se va a comportar como nuestra mente y se va a plegar a nuestras ideas y, por tanto, a nuestros deseos. Adviértase que esto no es lo mismo que la actitud *técnica* frente a la realidad; la verdadera mentalidad técnica parte de la *aceptación* de lo real, en el sentido del *reconocimiento* de que es como es (aunque sea para encontrarlo «inaceptable»). Precisamente la acción técnica se moviliza frente a la estructura de la realidad, para manejarla, modificarla o aun destruirla en vista de esa estructura, teniendo en cuenta su manera propia de ser; el *wishful thinking* o «pensamiento desiderativo» es una alteración innecesaria de la mentalidad técnica, y en definitiva un resto de *magia* en el seno del más extremado racionalismo. Piénsese en la significación que estos dos matices han tenido en el desarrollo de una disciplina científica que es intrínsecamente «técnica», como la medicina (la *tékhnē iatrikē* de los griegos, uno de los ejemplos eminentes de lo que para ellos era «arte»). En buena medida, el progreso de la medicina contemporánea ha sido liberarse de esa actitud legada a nuestro tiempo por la mentalidad «ilustrada» junto con su prodigiosa eficacia y su impulso creador.

La culminación de este conjunto de actitudes se encuentra en la idea de Progreso. Nace a mediados del siglo XVIII en manos de Turgot —sus principales tratados, son exactamente de 1750—, precisamente como una idea, como una interpretación insegura y vacilante de la realidad; pero muy pronto va adquiriendo el absolutismo al que propenden las ideas en el racionalismo, y se va convirtiendo en una *creencia* que dominará los últimos decenios del XVIII, todo el XIX y sólo empezará a quebrantarse hacia 1914. Ya el libro de Condorcet, escrito cuando esperaba la muerte, perseguido por la Revolución cuyo espíritu él mismo representaba *(Esquisse d'un tableau historique des progrès de l'esprit humain)*, representa la plena vigencia de la idea de progreso, su uso credencial. Y esta concepción de la realidad histórica lleva, tomada en su automatismo, a una *evacuatio*, a un «vaciamiento» de cada época histórica en beneficio de la siguiente, y así *in infinitum*.

Cuando esta idea se asocia con el concepto de *Ent-*

wicklung (evolución, desarrollo o despliegue) en el hegelianismo y adquiere forma biológica en el pensamiento de Darwin, va a oscurecer el carácter innovador y cuasi-creador de la historia. Marx recoge la idea de *Entwicklung* de Hegel y la de *evolution* de Darwin (aunque ésta le parece afectada de «tosquedad inglesa»), y todo esto lleva, tanto en el propio Hegel como en Auguste Comte o en Karl Marx, a la noción de un estado «definitivo» en el cual la humanidad va a instalarse, y por tanto a la anulación del progreso y de la misma historia. Una vez más, la prolongación *inercial* de las ideas lleva a su inversión y destrucción, y no advierte que la primera condición del pensamiento es el estado de *alerta*.

En una perspectiva algo distinta, la cultura de la Ilustración tiene un carácter por el cual se aproxima a ciertas época históricas —el Renacimiento, por ejemplo— y se distingue de casi todas las que la habían precedido: la *innovación*. No quiero decir que haya épocas no innovadoras —la historia *es* innovación—, ni que la Ilustración sea un periodo especialmente innovador —por el contrario, he insistido en que el siglo XVII es mucho más creador—; lo que caracteriza al pensamiento ilustrado es su *voluntad de innovación*, frente a las actitudes tradicionales y que conservan el respeto a los «modelos», a los «clásicos». Una de las razones más innovadoras de la historia es sin duda el Renacimiento, pero durante él la innovación se presenta en la forma del redescubrimiento de las formas del clasicismo greco-romano —y de ahí el nombre que después se le aplicó—; es una innovación enmascarada, que en cierto modo trata de disimularse.

Tan pronto como se planteó, en cambio, la *querelle des Anciens et des Modernes*, la suerte estaba echada. Los antiguos tienen que ejercer un imperio *indiscutido*, que no se pone en cuestión. El modelo funciona como tal mientras no se lo somete a examen y no se lo pone a prueba. El suscitar la famosa *querelle* era ya darla por resuelta —a favor de los modernos.

Esto tuvo como consecuencia, entre otras más estrictamente teóricas, el crédito abierto a la novedad, a la experimentación, al ensayo. Ciertamente, esta actitud se encuentra ya en Descartes y más explícitamente en Malebranche —con la reserva de la teología—, pero es en el

22

siglo XVIII cuando alcanza vigencia. Se invierte, por fin, el arraigado prejuicio contra la novedad, más agudo en algunos países, como España, donde se llegó a decir «Novedad, no verdad». Fue un formidable motor de remoción de viejas costras intelectuales, de crítica de falsas creencias inveteradas, de supersticiones, de prestigios fundados sólo en la antigüedad y nunca puestos a prueba.

El reverso de la medalla fue la demasiado pronta disposición a arrumbar lo antiguo, sin cuidarse demasiado de la mejoría al sustituirlo; la pérdida de obras de arte valiosas, el desdén por formas de pensamiento que simplemente no estaban de moda, pero conservaban acaso su validez y su verdad. Este espíritu innovador llevó a barrer el escolasticismo inercial y estéril que dominaba el pensamiento europeo, sobre todo el católico, después de Francisco Suárez (1548-1617), pero condujo igualmente a que Degérando despachara en unas páginas de su *Histoire des systèmes* toda la compleja riqueza del pensamiento de la Edad Media, dejándolo reducido a un esquema pobrísimo e inservible.

El racionalismo extremo, la convicción de que la razón es *una* y la misma, de que su ejercicio asegura la coincidencia en la verdad, hace posible el auge del absolutismo en el siglo XVIII, la fórmula del *despotismo ilustrado*, que tan eficaz fue sin duda en muchos momentos y que contribuyó de tal manera al progreso. Lo malo es que la 'ilustración pasa y el despotismo queda, y los pueblos de Europa lo experimentaron en sus propias carnes.

La misma creencia racionalista, por otra parte, lleva a dar por supuesta la coincidencia de las voluntades *individuales* cuando se sujetan a la razón, y es la justificación de la *democracia*. Monarquía absoluta y democracia coinciden en su esencial racionalismo. Y cuando esta idea se asocia a la universalidad utópica y a la voluntad ilimitada de innovación, el resultado inevitable es el espíritu *revolucionario*. Éste consiste en la creencia de que las cosas se pueden arreglar súbita y definitivamente, de una vez para siempre, como mostró Ortega en 1923, en el apéndice «El ocaso de las revoluciones» que añadió a su libro *El tema de nuestro tiempo*.

Y el espíritu inercial, que amenaza constantemente a esta mentalidad, lleva fácilmente al *extremismo*. Ahora bien, lo mismo que el pensamiento teórico, cuando se pone a la carta de la innovación querida por sí misma y de los esquemas universales, va pasando por alto doctrinas aún válidas y vivas, y fragmentos de realidad desatendidos, y tiene que *rebrousser chemin* y volver atrás, en la práctica de la sociedad y la política el extremismo olvida las fuerzas reales que están ahí y con las cuales tiene que contar, y, lo que es más grave, la estructura objetiva de lo real. Por esto resulta, en fin de cuentas, el *freno de la historia*. Cuando se avanza inconsideradamente, sustituyendo la realidad por los esquemas, desdeñando las fuerzas históricas que habría que respetar (o en otro caso destruir), se produce una recaída y un retroceso.

Los enormes avances de la Ilustración desembocan en la Revolución de 1789; parece que ésta significa una aceleración del proceso histórico que había llevado de las formas tradicionales de la vida al mundo que describe admirablemente Paul Hazard en *La crisis de la conciencia europea (1680-1715)* y en *El pensamiento europeo en el siglo XVIII*; pero si no nos quedamos en la retórica, hay que reconocer que la Revolución, extremada en el Terror, degenera en el bonapartismo, el Imperio militar napoleónico, la Restauración borbónica —sin olvidar el «terror blanco»— después de Waterloo. Conviene no olvidar el desencanto de los espíritus avanzados de Europa al ver que la Revolución termina en el Imperio. Víctor Hugo, al recordar su nacimiento en 1802, dirá:

Ce siècle avait deux ans. Rome remplaçait Sparte,
déjà Napoléon perçait sous Bonaparte.

Aunque algunos se reconciliaran después con la grandeza de Napoleón, aunque lo admiraran, importa retener su decepción: *aquello* había fracasado. Francia no conoce alguna libertad política y una democracia efectiva hasta el reinado de Luis Felipe (1830-1848). Antes de 1830 no hay una libertad comparable a la de los últimos años del reinado de Luis XVI, en plena influencia de los enciclopedistas, cuando el gobierno y la corte estaban compuestos principalmente de «ilustrados». Siempre me pregunto si la democracia liberal hubiese tardado 41 años en florecer en Francia, si la Revolución no se hubiese desencadenado o si hubiese seguido el camino que señalaban Mirabeau y la Constitución de 1791, en lugar de caer en las manos de los jacobinos y en la política abstracta y radical de Robespierre.

En esta perspectiva, la Ilustración española adquiere un valor inesperado y rara vez reconocido (pueden verse algunos libros: Jean Sarrailh: *L'Espagne eclairée de la seconde moitié du XVIII° siècle*; Richard Herr: *The Eighteenth-Century Revolution in Spain*; Edith Helman: *Trasmundo de Goya*; Julián Marías: *La España posible en tiempo de Carlos III* y *Los Españoles*). Fue modesta en volumen y en calidad intelectual, no muy creadora; pero no lo fue demasiado la Ilustración en el resto de Europa; su valor fue sobre todo educativo —recuérdese el ensayo «El siglo XVIII, educador», en *El Espectador* de Ortega— y de transformación social; y en eso, la Ilustración española fue ejemplar. Si se compara la situación de España en los últimos decenios del siglo XVII con la que alcanzó a fines del XVIII, la distancia es mucho mayor que la que separa la Francia de Luis XIV de la de Luis XVI, y análogamente en otros países europeos. El alcance de la obra de Feijoo (los 400 000 volúmenes de obras suyas difundidas en medio siglo) fue extraordinario y preparó el camino para la renovación del reinado de Carlos III.

Y hay que agregar que, sin duda por el peso de la tradición y por las cautelas con que tenían que moverse los ilustrados españoles, éstos no pudieron nunca olvidar la realidad con que se enfrentaban y principalmente las fuerzas que se oponían a sus proyectos. En este sentido, la Ilustración española apenas fue utópica y ciertamente no fue extremista. Las figuras de los grandes ilustrados —Feijoo, Macanaz, Jovellanos, Cadalso, el P. Andrés, Moratín— parecen extrañamente *responsables*. Quizá sus virtudes fueron menos brillantes que las de los «ilustrados» de otros países, pero sus defectos fueron también menores. Inventaron menos —pero todos vivían de la herencia del gran siglo anterior— pero erraron muy poco y salvaron una enorme porción del pasado que seguía siendo válido.

Cuando miramos hoy las figuras de Feijoo y Jovellanos y de algunos jesuitas expulsados en 1767 y establecidos en Italia, fuera de las presiones de la Compañía como tal y de las tensiones políticas, nos parecen «católicos postconciliares», hombres de una singular modernidad y aun actualidad. A decir verdad, mucho menos anticuados que los enciclopedistas, incluso algunos agudísimos y excelentes escritores.

Jovellanos se oponía a la Revolución francesa, no en nombre del *ancien régime* ni de la reacción, sino precisamente en nombre de la libertad y el avance social, que le parecían comprometidos por la precipitación y la prevención —como hubiera dicho Descartes—; en suma, por la torpeza. «Si el espíritu humano es progresivo, como yo creo, es constante que no podrá pasar de la primera a la última idea. El progreso supone una cadena graduada, y el paso será señalado por el orden de sus eslabones. Lo demás no se llamará progreso, sino otra cosa. No sería mejorar, sino andar alrededor; no caminar por una línea, sino moverse dentro de un círculo. La Francia nos lo prueba. Libertad, igualdad, república, federalismo, anarquía... y qué sé yo lo que seguirá, pero seguramente no caminarán a nuestro fin, o mi vista es muy corta. Es, pues, necesario llevar el progreso por sus grados» (1794).

A pesar del intento de olvidar el siglo XVIII que se hace en España al sobrevenir la ruptura y la discordia de 1808, el pensamiento de la Ilustración conserva una considerable validez. Y esto resulta evidente cuando se considera la obra de las Cortes de Cádiz y la Constitución de 1812. El intento de fundir la tradición de las Cortes medievales con las novedades francesas (especialmente la Constitución de 1791), del que fue portavoz sobre todo Martínez Marina, no era una hipocresía ni un ardid destinados a hacer pasar la mercancía nueva bajo el pabellón tradicional, sino que era el programa sincero de la Ilustración del siglo anterior. No se buscaba la ruptura, sí la renovación.

La prueba de ello, no suficientemente atendida, fue la invención del *liberalismo*, con nombre acuñado en las Cortes de Cádiz y difundido por toda Europa. La fórmula que había de ser la del porvenir tuvo una primera realización en España —no importa que durase muy poco— y la Constitución de Cádiz fue adoptada o imitada en otros países. No se olvide que sus fórmulas políticas, liberales y moderadas, se forjan durante la campaña de Rusia de Napoleón, con toda la Península Ibérica ocupada por sus tropas, mucho antes del Congreso de Viena y no digamos de la Charte que definirá la Monarquía constitucional en Francia, la institución política del siglo XIX.

Estas consideraciones pueden parecer alejadas de los temas que suelen incluirse en un estudio de «la cultura de la Ilustración»; pero creo que son esenciales, precisamente porque la tendencia de ese periodo a la abstracción y al pensamiento inercial reclama imperiosamente que se estudie la Ilustración en sus raíces sociales e históricas, como una *forma de vida*. En una palabra, se trata de escapar a la razón abstracta que fue la limitación del siglo XVIII para intentar comprenderlo y hacerle justicia con el método de la razón histórica.

La idea de España en el siglo XVIII

La imagen del siglo XVIII español carece de suficiente claridad. Las razones de ello, al menos, son bastante claras. La más obvia y elemental es que la labor historiográfica sobre ese periodo ha sido sumamente deficiente e incompleta: porciones considerables de ese siglo, aspectos decisivos de la vida nacional durante él, figuras de considerable influencia, nos aparecen todavía envueltos en imprecisión, a veces con desesperante falta de información rigurosa y adecuada. No existen libros que iluminen de manera eficaz lo que han sido y han significado la mayor parte de los hombres representativos del siglo XVIII; más aún, gran parte de sus escritos no se han editado nunca, y muchas ediciones de los que fueron más afortunados son difíciles de encontrar y, lo que es peor, han sido escasamente manejadas.

Todo esto, a su vez, se explica por otras razones más hondas, que contribuyen a ese oscurecimiento. La imagen vigente del siglo XVIII fue «fijada» por la historiografía de mediados del XIX, que estuvo demasiado preocupada con la época de transición entre el antiguo régimen y la nueva España engendrada dolorosamente entre la invasión napoleónica y la primera guerra carlista; esto hizo que se viera el siglo XVIII atendiendo sobre todo el reinado de Carlos IV; se ha dicho muchas veces que el siglo XVIII se prolonga en España hasta 1808, y no hay inconveniente en aceptarlo así, a condición de que no se pierda de vista que los últimos veinte años, desde la muerte de Carlos III (1788), significan precisamente la *crisis* de esa época, de la manera de vida histórica que fue el siglo XVIII *hasta entonces*. El reinado de Carlos IV es una fase decisiva de nuestra historia, clave de casi todo lo que ha sucedido después, y su esclarecimiento es una de las tareas más urgentes con que tenemos que habérnoslas; pero representa algo bien distinto de los tres cuartos de siglo anteriores, hasta el punto de que cabría distinguirla de ellos y aproximarla a la etapa siguiente, desde la invasión francesa hasta la muerte de Fernando VII (1808-1833).

El siglo XVIII, en lo que tiene de más propio y significativo, ha sido pertinazmente desatendido y pasado por alto. La decadencia de fines del siglo XVII fue demasiado fuerte para que no persistieran muchas de sus consecuencias; como España, por otra parte, entró en el XIX en estado de gravísima postración,[1] no se ha solido advertir hasta qué punto, y a pesar de tantas dificultades y quebrantos, estuvo *en forma* durante gran parte del XVIII; la tentación más frecuente ha sido interpretarlo desde la época anterior o la posterior: o como «convalecencia» del reinado de Carlos II, es decir, como una época de *vita mínima* y horizontes limitados, con alguna prosperidad material y administrativa, o bien como antecedente y preparación de la España «moderna», quiero decir posterior al antiguo régimen. De un modo o de otro, el XVIII pierde sustantividad y su auténtica fisonomía se desdibuja.

Tampoco ha recibido una iluminación «lateral», si se permite la expresión, que para otras épocas han proporcionado los estudios literarios. Se supone que el siglo XVIII es poco más que un desierto, donde florecen algunas modestas plantas útiles, de escasa belleza y sin ningún perfume. Las historias de la literatura despachan con mal disimulada prisa toda la centuria; alguna antología de textos literarios españoles salta tranquilamente de Quevedo (1580-1645) a Espronceda (1808-1842); la mayoría de los autores no se atreven a tanto, pero se ve que no les faltan las ganas. No voy a entrar aquí en la cuestión del valor efectivo de la literatura del XVIII; pero quiero señalar que su estimación ha estado siempre condicionada por algo previo: la de los géneros literarios tradicionalmente preferidos. La poesía, la ascética y la mística, la novela y la literatura

1. Véase mi estudio «España y Europa en Moratín», en *Los Españoles*, 1962, donde se compara la situación de fines del XVIII con la que existe después de la Guerra de la Independencia. La manera de sentirse España a sí misma y en Europa se altera decisivamente durante el reinado de Fernando VII.

dramática —no digo el teatro porque no es exactamente lo mismo— han sido objeto de valoración superior; no es en estos géneros donde se encuentra lo más interesante del setecientos, sino en otros que precisamente se inician entonces y son todavía vacilantes e inmaturos, pero que representan una innovación que fue muy fecunda y pudo haberlo sido mucho más.

La forma de vida —sobre todo de vida colectiva— que se intenta en España durante el siglo XVIII no se *logra*; por tanto, no se la debe juzgar por lo que parecen sus «resultados» y no lo son, sino más bien las consecuencias de su sofocación; creo que hay pocas tareas intelectuales más importantes y de mayor interés actual que la explicación adecuada de cómo sucedió; en los últimos años se han dado pasos decisivos en esa dirección, y se empieza a formar una imagen inteligible de ese proceso; pero al mismo tiempo se dan otros en la dirección opuesta, es decir, encaminados al enturbiamiento de ese periodo, a la confusión de las líneas que una consideración atenta a los acontecimientos y los textos comienza a dibujar de manera coherente e inequívoca. Del estudio del siglo XVIII y lo que podemos llamar su «desenlace» a comienzos del siglo siguiente —si se separan ambos periodos no se entiende ninguno de los dos— espero la mayor claridad para que los españoles podamos orientarnos en nuestros problemas actuales y no reincidamos en los errores que esterilizaron, y en alguna medida invirtieron, uno de los esfuerzos más extraordinarios y mejor intencionados de toda la historia de nuestro país.

Ahora bien, la vida humana es intrínsecamente *interpretación de sí misma*; esto, que es plenamente válido para la vida individual, lo es también, en forma distinta, para la vida histórica: una sociedad tiene siempre una idea de sí misma, con arreglo a la cual interpreta su realidad y, sobre todo, proyecta su futuro. Nada es más importante ni más difícil de descubrir para la investigación histórica o para el análisis presente de una sociedad determinada. Una cuestión decisiva fue en el siglo XVIII la constitución de esta idea o interpretación. Si se mira bien, se ve que fue el tema intelectual del siglo; durante él, la *preocupación* de España adquiere modulaciones características: en primer lugar, en vez de moverse en generalidades o en una apelación más o menos vaga a la «esencia» de España o de lo español, se orienta hacia lo concreto, con esa avidez de realidad que es un rasgo de la época, y no se separa la reflexión de la transformación o reforma; es decir, que se entiende la meditación como una reconstitución de la realidad nacional; en segundo lugar, se plantea la cuestión en la perspectiva de Europa y de lo que podemos llamar «la altura del tiempo»; España, cuya unificación efectiva como verdadera nación alcanza su máximo en el siglo XVIII, precisamente por haber llevado a término su proceso de nacionalización y no sentirlo todavía en ningún sentido amenazado, se ve a sí misma en Europa; y al advertir que, después de la decadencia del XVIII, ha *llegado a* ello, contempla todo con mirada histórica, es decir, con una clarísima conciencia de pertenecer a un tiempo determinado, cuyos caracteres interesa precisar. La idea de España que se está engendrando es al mismo tiempo una visión de Europa como empresa común y como *nivel* desde el cual se vive hacia un futuro cada vez más netamente dibujado, es decir, una progresiva toma de posesión del tiempo histórico en el cual hay que instalarse para seguir avanzando en una dirección que es justamente lo que hay que determinar. De ahí el singular relieve que tiene en el siglo XVIII un tema que puede parecer secundario, pero es visceral: el de la discusión del puesto, el valor y las posibilidades de España dentro de la comunidad europea y a la altura del siglo.

Críticas y apologías

Entre todas las críticas acumuladas sobre España por parte de extranjeros durante el siglo XVIII, hay dos que tuvieron resonancias excepcionales. Ninguna de las dos tenía en sí misma importancia mayor; ambas eran considerablemente superficiales y frívolas; la primera era procedente de una gran figura intelectual, pero por su índole misma no justificaba ser tomada muy en serio; la segunda tenía como autor a un hombre oscuro, a quien no se conocía apenas y a quien hoy sólo se recuerda por esa crítica episódica. Lo que nos interesa no es el contenido de esas críticas, sino la repercusión que tuvieron en España, su influjo en modificar la idea que los españoles tenían de su nación, el complejo de creencias e ideas que una y otra «precipitaron» en las mentes de algunos españoles.

La primera de estas críticas es de 1721. Su autor, Montesquieu; está contenida principalmente en la LXXVIII de las *Lettres persanes*. En otros lugares de las *Cartas persas*, en innumerables de *L'Esprit des Lois*, se ocupa Montesquieu de España; un examen de sus ideas sobre nuestro país exigiría tener en cuenta todos estos pasajes y, sobre todo, una valoración del alcance de cada uno de ellos; pero fue la carta LXXVIII la que desencadenó las réplicas que aquí nos interesan, y conviene atenerse a ella y transcribirla en su integridad:

LETTRE LXXVIII
Rica à Usbek
A***

Je t'envoie la copie d'une lettre qu'un Français qui est en Espagne a écrite ici; je crois que tu serais aise de la voir.

Je parcours depuis six mois l'Espagne et le Portugal, et je vis parmi les peuples qui, méprisant tous les autres, font aux seuls Français l'honneur de les haïr.

La gravité est le caractère brillant des deux nations; elle se manifeste principalement de deux manières, par les lunettes et par la moustache.

Les lunettes font voir démonstrativement que celui qui les porte est un homme consommé dans les sciences et enseveli dans de profondes lectures, à un tel point que sa vue s'en est affaiblie; et tout nez qui en est orné ou chargé peut passer, sans contredit, pour le nez d'un savant.

Pour la moustache, elle est respectable par elle-même, et indépendamment des conséquences; quoique pourtant on ne laisse pas d'en tirer souvent de grandes utilités pour le service du prince et l'honneur de la nation, comme le fit bien voir un fameux général portugais dans les Indes: car, se trouvant avoir besoin d'argent, il se coupa une de ses moustaches, et envoya demander aux habitants de Goa vingt mille pistoles sur ce gage; elles lui furent prêtées d'abord, et dans la suite il retira sa moustache avec honneur.

On conçoit aisément que des peuples graves et fleg-matiques comme ceux-là peuvent avoir de la vanité; aussi en ont-ils. Ils la fondent ordinairement sur deux choses bien considérables. Ceux qui vivent dans le continent de l'Espagne et du Portugal se sentent le coeur extrêmement élevé, lorsqu'ils sont ce qu'ils appellent de vieux chrétiens, c'est-à-dire qu'ils ne sont pas originaires de ceux à qui l'inquisition a persuadé dans ces derniers siècles d'embrasser la religion chrétienne. Ceux qui sont dans les Indes ne sont pas moins flattés lorsqu'ils considèrent qu'ils ont le sublime mérite d'être, comme ils disent, hommes de chair blanche. Il n'y a jamais eu dans le sérail du Grand Seigneur de sultane si orgueilleuse de sa beauté que les plus vieux et le plus vilain mâtin ne l'est de la blancheur olivâtre de son teint, lorsqu'il est dans une ville du Mexique, assis sur sa porte, les bras croisés. Un homme de cette conséquence, une créature si parfaite, ne travaillerait pas pour tous les trésors du monde, et ne se résoudrait jamais, par une vile et mécanique industrie, de compromettre l'honneur et la dignité de sa peau.

Car il faut savoir que lorsqu'un homme a un certain mérite en Espagne, comme, par exemple, quand il peut ajouter aux qualités dont je viens de parler celle d'être le propriétaire d'une grande épée, ou d'avoir appris de son père l'art de faire jurer une discordante guitare, il ne travaille plus; son honneur s'intéresse au repos de ses membres. Celui qui reste assis dix heures par jour obtient précisément la moitié plus de considération qu'un autre qui n'en reste que cinq, parce que c'est sur les chaises que la noblesse s'acquiert.

Mais quoique ces invincibles ennemis du travail fassent parade d'une tranquillité philosophique, ils ne l'ont pourtant pas dans le coeur; car ils sont toujours amoureux. Ils sont les premiers hommes du monde pour mourir de langueur sous la fenêtre de leurs maîtresses; et tout Espagnol qui n'est pas enrhumé ne saurait passer pour galant.

Ils sont premièrement dévots, et secondement jaloux. Ils se garderont bien d'exposer leurs femmes aux entreprises d'un soldat criblé de coups, ou d'un magistrat décrépit; mais ils les enfermeront avec un novice fervent qui baisse les yeux, ou avec un robuste franciscain qui les élève.

Ils permettent à leurs femmes de paraître avec le sein découvert; mais ne veulent pas qu'on leur voie le talon, et qu'on les surprenne par le bout des pieds: ils savent que l'imagination va toujours, que rien ne l'amuse en chemin; elle arrive, et là on était quelquefois averti d'avance.

On dit partout que les rigueurs de l'amour sont cruelles; elles le sont encore plus pour les Espagnols. Les femmes les guérissent de leurs peines; mais elles ne font que leur en faire changer, et il leur reste souvent un long et fâcheux souvenir d'une passion éteinte.

Ils ont de petites politisses qui en France paraîtraient mal placées: par exemple, un capitaine ne bat jamais son soldat sans lui en demander permission; et l'inquisition ne fait jamais brûler un juif sans lui faire ses excuses.

Les Espagnols qu'on ne brûle pas paraissent si attachés à l'inquisition, qu'il y aurait de la mauvaise humeur de la leur ôter. Je voudrais seulement qu'on en établît une autre, non pas contre les hérétiques, mais contre les hérésiarques qui attribuent à des petites pratiques monacales la même efficacité qu'aux sept sacrements, qui adorent tout ce qu'ils vénèrent, et qui sont si dévots qu'ils sont à peine chrétiens.

Vous pourrez trouver de l'esprit et du bon sens chez les Espagnols; mais n'en cherchez point dans leurs livres. Voyez une de leur bibliothèques, les romans d'un côté, et les scolastiques de l'autre: vous diriez que les parties en ont été faites, et le tout rassemblé par quelque ennemi secret de la raison humaine.

Le seul de leurs livres qui soit bon est celui qui fait voir le ridicule de tous les autres.

Ils ont fait des découvertes immenses dans le nouveau monde, et ils ne connaissent pas encore leur propre continent: il y a sur leurs rivières tel port qui n'a pas été découvert, et dans les montagnes des nations qui leur sont inconnues.

Ils disent que le soleil se lève et se couche dans leur pays: mais il faut dire aussi qu'en faisant sa course il ne rencontre que des campagnes ruinées et des contrées désertes.

Je ne serais pas fâché, Usbek, de voir une lettre écrite à Madrid par un Espagnol qui voyagerait en France; je crois qu'il vengerait bien sa nation. Quel vaste champ pour un homme flegmatique et pensif! Je m'imagine qu'il commencerait ainsi la description de Paris:

Il y a ici une maison où l'on met les fous: on croirait d'abord qu'elle la plus grande de la ville; non: le remède est bien petit pour le mal. Sans doute que les Français, extrêmement décriés chez leurs voisins, enferment quelques fous dans une maison, pour persuader que ceux qui sont dehors ne le sont pas.

Je laisse là mon Espagnol. Adieu, mon cher Usbek.
De Paris, le 17 de la lune de Saphar, 1715.

Ésta es la carta. Su consistencia es, como puede verse, muy poca. Su tono ligero, satírico, es el de las *Lettres persanes* en su conjunto. Montesquieu no se solidariza con lo que allí dice: no se trata ni siquiera de una carta de su personaje Rica, sino que éste simplemente refiere una carta de un francés viajero por España; más aún: al final imagina la contrapartida, lo que un español diría de los franceses. Ya veremos aparecer este detalle en algún comentario español; sin embargo, su importancia es mínima: la sátira que Montesquieu esboza de sus compatriotas *ne porte pas*; la vaga consideración de locos no tiene significación alguna al lado de la acumulación de observaciones negativas sobre los españoles, desde muy diversos puntos de vista.

L'Esprit des Lois, publicado en 1748, fue prohibido por la Inquisición en 1756; ningún escrito de Montesquieu fue traducido al español, según parece,[1] antes de 1820; sin embargo, fue conocido en francés por muchas personas ilustradas, y gozó de gran estimación; aparecen testimonios de ello en el reinado de Carlos III, por lo menos desde 1769. Pocos años después se publica un comentario de excepcional interés, que es precisamente el que nos importa aquí. Se trata de algo muy tardío respecto a la publicación original de las *Lettres persanes*, que en 1772 eran un texto con medio siglo de antigüedad; es decir, la atención sobre él se produce *en otra época*, desde otra situación que la que existía cuando Montesquieu escribió esa carta; en cambio, el episodio se aproxima considerablemente al segundo, el motivado por la otra crítica a la que me he referido: la de Nicolas Masson de Morvilliers en la *Encyclopédie Méthodique*, en 1782, cuyos ecos se extienden a todo el final del reinado de Carlos III y van a tener una influencia, quizá no suficientemente advertida, en el cambio de actitud que caracteriza el reinado siguiente.

1. Véase Richard Herr: *The Eighteenth-Century Revolution in Spain*, Princeton University Press, 1958, p. 58.

La respuesta de Cadalso

En 1772 publicó don José Cadalso *Los eruditos a la violeta*,[1] este libro, muy anterior en publicación, aunque probablemente no en composición, a las *Cartas Marruecas*,[2] fue durante mucho tiempo el más famoso y estimado de su autor; en nuestro siglo, en cambio, las *Cartas* han oscu-

1. Con el nombre de Joseph Vázquez (su segundo apellido); cito según la edición de 1781 (modernizando ligeramente la ortografía): *Los eruditos a la violeta*, o curso completo de todas las ciencias, dividido en siete lecciones para los siete días de la semana, con el suplemento de éste. Compuesto por don Joseph Vázquez, quien lo publica en obsequio de los que pretenden saber mucho, estudiando poco. Y una junta que en casa de don Santos Celis tuvieron ciertos Eruditos a la Violeta: y parecer que sobre dicho papel ha dado él mismo a don Manuel Noriega, habiéndosele éste pedido con las mayores instancias desde Sevilla. Con licencia. Madrid: por don Isidoro de Hernández Pacheco. Año M.DCC.LXXXI.

2. Se publicaron en el *Correo de Madrid* (antes *Correo de los Ciegos de Madrid*), en 1789; en libro, la primera edición es: *Cartas Marruecas* del coronel don Joseph Cadahalso. En Madrid, en la Imprenta de Sancha, año de MDCCXCIII. Una «Advertencia» señala que el autor trabajaba ya en ellas en 1768; en 1774 pidió permiso al Consejo de Castilla para imprimir el libro titulado *Cartas Marruecas, sobre los usos y costumbres de los españoles antiguos y modernos*; el Consejo remitió el manuscrito a la censura de la Real Academia de la Lengua, la cual contestó en 20 de febrero de 1775 que no veía inconveniente; el día 23 el Consejo acordó que el manuscrito pasara al relator para que comprobase si la obra podía estar comprendida en la real orden de 18 de febrero, que prohibía imprimir escritos relativos a los presidios de África (!); la respuesta del relator fue negativa, pero no pasa más; y en 1778 Simón Gómez Pérez, en nombre de José Vázquez, pide el manuscrito para realizar algunas enmiendas y añadiduras; el Consejo acuerda devolverlo el 16 de junio de 1778; Cadalso muere frente a Gibraltar en 1782, sin haber publicado las *Cartas Marruecas*. La «Nota» puesta al final de la edición de 1793 advierte que «El manuscrito contenía otro tanto como lo copiado hasta aquí, pero parte tan considerable quedará siempre inédita, por ser tan mala la letra que no es posible entenderla». Los documentos sobre la solicitud de licencia para publicar este libro pueden verse en el Archivo Histórico Nacional, legajo 5536, expediente núm. 7. Debo estos datos a la amabilidad de Gonzalo Anes, colaborador del Seminario de Estudios de Humanidades.

recido y casi hecho olvidar a los *Eruditos*; los dos libros tienen extraordinario interés y no han sido utilizados tanto como debieran para comprender algunos aspectos del siglo XVIII; ni siquiera el reciente libro de Glendinning[3] explora de manera suficiente la significación de la obra de Cadalso.

Las «Instrucciones dadas por un padre anciano a su hijo que va a emprender sus viajes», que merecen leerse muy en detalle, contienen algunas ideas que importa retener. Un papel «en que me trajeron envueltos unos bizcochos de la confitería» contiene los consejos de un padre, que persuade a su hijo de que primero conozca bien España y luego visite atenta y estudiosamente los países europeos; el anciano respira respeto y estimación por todos ellos: Francia, Flandes, Inglaterra, las Cortes del Norte, Italia; frente a esto, las instrucciones que se dan a los eruditos a la violeta comienzan así:

> Primero: No sepáis una palabra de España, y si es tanta vuestra desgracia que sepáis algo, olvidadlo, por amor de Dios, luego que toquéis la falda de los Pirineos.
> Segundo: Id como bala salida del cañón, desde Bayona a París, y luego que lleguéis, juntad un Consejo íntimo de Peluqueros, Sastres, Bañadores, etcétera, y con justa docilidad entregaos en sus manos, para que os apulan, labren, acicalen y compongan y hagan hombres de una vez.
> Tercero: Luego que estéis bien pulidos y hechos hombres nuevos, presentaos en los paseos, teatros y otros parajes, afectando un aire francés, que os caerá perfectamente.
> Cuarto: Después que os hartéis de París, o París se harte de vosotros, que creo más inmediato, idos a Londres. A vuestra llegada os aconsejo dejéis todo el exterior contraído en París, porque os podrá costar caro el afectar mucho Galicismo. En Londres os entregaréis a todo género de libertad, y volved al Continente para correr la Posta por Alemania e Italia.
> Quinto: Volveréis a entrar en España con algún extraño vestido, peinado, tonillo y gesto, pero sobre todo haciendo tantos ascos y gestos como si entrarais en un bosque o desierto. Preguntad cómo se llama el pan y agua en castellano, y no habléis de cosa alguna de las que Dios crió de este lado de los Pirineos por acá. De vinos, alabad los del Rin, de Caballos, los de Dinamarca,

3. Nigel Glendinning, *Vida y obra de Cadalso*, Gredos, Madrid, 1962.

y así de los demás renglones, y seréis hombres maravillosos, estupendos, admirables y dignos de haber nacido en otro clima.

Las instrucciones que a continuación da para la crítica trasladan la sátira al campo de la vida intelectual, que será el tema principal de la discusión posterior con Montesquieu:

> Primero: Despreciad todo lo antiguo o todo lo moderno. Escoged uno de estos dictámenes y seguidlo sistemáticamente; pero las voces modernas y antiguas no tengan en vuestros labios sentido determinado; no fijéis jamás la época de la muerte o nacimiento de lo bueno ni de lo malo. Si os hacéis philo-antiguos (palabritas de la fábrica de casa hechas de géneros Latino y Griego), aborreced todo lo moderno sin excepción: las Obras de Feijoo os parezcan tan despreciables como los romances de Francisco Esteban. Si os hacéis philo-modernos (palabra prima hermana de la otra), abominad con igual rencor todo lo antiguo y no hagáis distinción entre una arenga de Demóstenes y un cuento de viejas.
> Segundo: Con igual discernimiento escogeréis entre nuestra literatura y extranjera. Si, como es más natural, escogéis todo lo extranjero y desheredáis lo patriota, comprad cuatro libros Franceses que hablen de nosotros peor que de los Negros de Angola y arrojad rayos, truenes, centellas y granizo, y aun haced caer lluvias de sangre sobre todas las obras cuyos Autores hayan tenido la grande y nunca bastantemente llorada desgracia de ser paisanos de los Sénecas, Quintilianos, Marciales, &c.
> Tercero: No pequéis contra estos dos mandamientos, haciendo, como algunos, igual aprecio de todo lo bueno y desprecio de todo lo malo sin preguntar en qué país y siglo se publicó.
> Cuarto: Cualquier libro que os citen, decid que ya lo habéis leído y examinado.
> Quinto: Alabad mutuamente los unos las obras de los otros; *vice versa*, mirad con ceño a todo lo que no esté en vuestra matrícula...[4]

Este texto, suficientemente expresivo, es sólo el antecedente del que nos interesa aquí. En la sección titulada «Cartas de varios de mis discípulos», la V es la «Carta de un Viajante a la Violeta a su Catedrático», que es me-

4. *Los eruditos a la violeta*, 1781, pp. 55-60.

nester transcribir en su integridad, porque es el texto a que se refiere el comentario manuscrito que aquí edito:

Mi norte y muy Señor mío: Esto de hablar de países extranjeros sin haber salido de su lugar con tanta majestad como si se hubiera hecho una residencia de diez años en cada uno, me acomoda muy mucho. Para esto basta comprar un juego de viajes impreso, que tamb, también le aumentan a uno la Librería de paso; y para viajar efectivamente se necesita un gran caudal, mucha salud, la posesión de varias lenguas, don de gentes y mucho tiempo, totalmente dedicado a este único objeto. Por tanto, luego que leí el párrafo de viajes que V. md. pone en su obra (digo el párrafo a la Violeta, porque el otro, copiado del papel en que venían envueltos los bizcochos, no tuve la paciencia de tragarlo), me determiné a ver Turín, Dublín, Berlín, Pekín y Nankín, y sin salir de mi cuarto. Sus discípulos de V. md. no somos hombres que dejamos la cosa en sólo proyectos: pasé a ponerlo en ejecución. Salí muy temprano de casa y encontré en la escalera a mi padre, quien extrañando la hora y traje, me preguntó adónde iba: voy a viajar, le respondí con aire. El buen viejo no entendió mi respuesta, y fue tanto lo que tuve que repetirla, explicarla y amplificarla, que me pareció más corto decirle: Bien es verdad, señor, que no sé cuánto hay de aquí a Toledo, ni si en Carabanchel hay Universidad; en Salamanca, Puerto de mar; en Cádiz, campos de trigo afamados; en Zaragoza, Astillero; en Cartagena, Hospital célebre; en Murcia, Fábrica de armas; en Vitoria, Catedral famosa, ni sé si está Jaca en la Frontera de Portugal y Badajoz en la de Francia; ni sé hasta dónde llega la memoria de la población de España, ni en qué tiempo ha sido conquistada ni conquistadora; qué familias han reinado en estos Tronos, en cuántas coronas ha sido dividida, cuándo se reunieron, quién descubrió las Américas, quiénes las conquistaron, en qué reinados se hizo la conquista, qué ventaja o perjuicios ha causado la agregación de tantos dominios a esta Península, qué influjos tuvo sobre las costumbres españolas la abundancia americana, qué uso podemos hacer de ellas, ni de nuestras posesiones en el mar de Asia, ni de una y otra navegación, ni, en fin, el auge, decadencia y resurrección de esta Monarquía; nada de esto sé, ni he sabido, ni sabré, ni creo que me importa saber para nada de este mundo ni del otro; pero quiero saber qué es el Vauxhall de Londres, los Músicos de Amsterdam, le Luxembourg de París, cómo se monta la parada en Potsdam, qué altura tienen las casas en Viena, cuántos teatros hay en Nápoles, cuántos cafés en Roma y..., interrumpióme mi padre con blandura, diciendo: Ven a tomar chocolate conmigo a mi cuarto y óyeme no como a un padre que te impone respeto, sino como a un amigo que desea tu bien. Buena fresca para mí, dije yo, que tengo ya dispuesta mi silla de posta para emprender mi jornada. ¿Qué silla de posta, replicó mi padre? Sí, señor, insté yo, un coche Simón, que ya ha arrimado a la puerta para llevarme a todas las Librerías de Madrid en busca de una obra de viajes. Ven acá, hijo mío, me respondió mi padre, sosiégate un poco; óyeme; y si no te hiciese fuerza mi discurso, entrégate a tu deseo. Pasóme entonces por la cabeza una antigua preocupación en que estábamos antes de esta nueva ilustración, y era que el hijo debe cierta obediencia al padre, y así le seguí hasta su cuarto, no sin escrúpulo de que este mi padre era primo hermano del que escribió aquella pesadísima instrucción que V. md. tuvo la paciencia de copiar. Sentéme junto a él, y cogiéndome una mano, me dijo:

Soy tu padre y conozco las obligaciones de este empleo que da la naturaleza, el mayor en su República; no me faltan caudal, voluntad ni gusto de cultivar el talento que he descubierto en ti, aunque en medio de un confuso tropel de ligerezas propias de tu edad y de la crianza libre que te dio tu madre en los años que mis comisiones me tuvieron lejos de esta casa. En vista de todo esto, días ha que pienso en enviarte, con el tiempo, a ver no sólo las Cortes principales de Europa, sino también algunas de la Asia, donde la variedad de costumbres y trajes te inspire una plausible curiosidad de indagar noticias útiles.

Pero eres muy joven para viajar sin peligro de malograr el tiempo y muy ignorante de las cosas de tu patria para que te sean provecho el conocimiento de otros países: y tu proyecto de comprar esos viajes impresos, que andan por esas Librerías, es puerilidad pura. Te aseguro que los hombres que han escrito con más solidez en otras materias han delirado cuando han querido hablar de los países extranjeros por noticias, que son los documentos de que se valen los más de los que escriben esos viajes, y no ha sido mucho menor el desacierto de los que escriben lo que ven, porque es mucha la preocupación con que se suele viajar. De esto último hay mil ejemplares, y de lo primero otros tantos. Me acuerdo haber leído cuando era muchacho un libro de esa clase en que el Autor, entre otras cosas, refería que el sitio del Buen Retiro está a dos leguas de Madrid; que la Esposa de Carlos II, habiendo caído del caballo, estuvo a pique de ser despedazada por no poder ningún Caballero de su Corte llegar a tocarla en tal peligro sin hacerse reo de la vida, según las leyes del Reino; que en España las mujeres hasta ahora han tenido y tienen la precisión de beber antes que sus maridos siempre que comen juntos, y otras mil insulseces semejantes, o peores. Pero si quieres convencerte de esta verdad, has de saber que el Señor Presidente de Montesquieu, a quien con tanta frecuencia citas sin entenderle, no obstante lo distinguido de su origen, lo elegante de su pluma, lo profundo de su ciencia y, en fin, todas las calidades que le han adquirido tanta y tan universal fama en toda Europa, y aun entre nosotros, en todo aquello en que su doctrina no se oponga a la Religión y gobierno dominantes, falta a todas sus bellas prendas y parece haberse transformado en otro hombre cuando habla de nosotros, en boca de un viajante, y comete mil errores, no nacidos de su intención, sino de las malas noticias que le suministraron algunos sujetos, poco dignos de tratar con tan insigne varón, en materias tan graves como la crítica de una nación, entre todas las demás. Cualquier Ruso, Dinamarqués, Sueco u Polaco que lea la relación de España, escrita por la misma pluma que el *Espíritu de las Leyes*, caerá con ella en un laberinto de equivocaciones, a la verdad absurdas; con que igual riesgo correrá un Español que lea noticias de Polonia, Suecia, Dinamarca o Rusia, aunque las escriban unos hombres tan grandes como lo fue Montesquieu.

Señor, dije yo entonces, aprovechándome de un corto silencio de mi padre, es imposible que un hombre tan grande como ese caiga en esos yerros que vuestra merced llama equivocaciones absurdas.

Pues oye, hijo mío, replicó mi padre, oye algunas de ellas, y cree que no te las digo todas, porque ni convienen a tus oídos ni a mi boca. Toda la relación que hace aquel Caballero mereciera, sin duda, una respuesta difusa, metódica y sólidamente fundada en la historia, leyes, buena crítica y otros cimientos. Dice, pues, en una de las cartas críticas que con nombre de *Cartas Persianas* andan ya bastantemente esparcidas, entre mil cosas falsas, las siguientes: advirtiendo que el decir que se ha equivocado el señor Presidente de Montesquieu en esto no es negar su grandísima autoridad en otras cosas, porque tengo muy presente lo que dice el célebre Español Quintiliano, cuando encarga que se hable con mucha moderación de los varones justamente celebrados.

Dice, con mucha formalidad:: *Que siendo la gravedad nuestra virtud característica, la demostramos en los anteojos y bigotes, poniendo en ellos singular veneración: que contamos, como mérito especial, el poseer un estoque, y tocar, aunque sea mal, la guitarra: que en vir-*

*tud de esto, en España se adquiere la nobleza sentada
la gente en las sillas, con los brazos cruzados: que hacemos consistir el honor de las mujeres en que tapen las
puntas de los pies, permitiendo que lleven los pechos
descubiertos: que las novelas y libros Escolásticos son
los únicos que tenemos: que no tenemos más que un
libro bueno; a saber, uno que ridiculiza todos los restantes: que hemos hecho grandes descubrimientos en el
nuevo mundo, y que no conocemos el continente en que
habitamos: que aunque nos jactemos de que el Sol nunca deja nuestras posesiones, no ve en ellas sino campos
arruinados, y países desiertos; y otras cosas de esta naturaleza.*

Y con mucha razón que lo dice, salté yo, con toda la
viveza y alegría que siento siempre que oigo hablar mal
del país en que nací. Muy errado va el censor, respondió
mi padre, sin inmutarse. Hubo mucha preocupación de
parte de quien le dio semejantes noticias, y mucha ligereza de parte de quien las escribió sin averiguarlo; y si
no, oye la respuesta de todo este cúmulo de cosas, aunque muy de paso.

1. Lo de que la gravedad sea nuestra virtud característica, y que la demostramos en nuestros anteojos y
bigotes, poniendo en ellos la mayor consideración, es
sátira despreciable. Las virtudes características de los
Españoles han sido siempre el amor a la Religión de
nuestros padres, la lealtad al Soberano, la sobriedad en
la mesa, la constancia en la amistad, la firmeza en los
trabajos y el amor a las empresas de mucho empeño y
peligro. Lee nuestra historia, y lo verás. En España nunca
se han considerado los anteojos sino como una señal de
cortedad de vista.

2. Que contamos por mérito especial el poseer un
estoque y tocar, aunque sea mal, la guitarra, no tienen
más fondo, a menos que el talento de un mancebo de
Barbero, o el de un torero quiera darse por apetecible
en todos los Gremios de la nación; lo que no me parece
regular.

3. Que la Nobleza en España se adquiera en la ociosidad de una silla, es una contradicción de la historia,
no sólo de España, sino de Roma, de Francia, de Alemania y de otros muchos países. Todas las casas de consideración en España se han formado sobre un terreno de
que fueron echados a lanzadas los Moros, durante ocho
siglos de guerras continuas y sangrientas, aunque con la
disparidad de tener los Moros toda África en su soco-
rro, y no tener nuestros abuelos más amparo que el que
les daba el amor a su Religión y patria. Me parece muy
apreciable este origen, y no creo que haya nación en el

Orbe cuyos nobles puedan jactarse de más digno principio. Pero otros de nuestros nobles principales, y los tenidos y reconocidos por tales, aunque tal vez no demuestren su descendencia de padres tan gloriosos, siempre fecharán su lustre desde los que pelearon en Italia, Alemania, Flandes, Francia, América, África, Islas de Asia, y por esos mares, bajo el mando de los Laurias, Córdobas, Leivas, Pescaras, Vastos, Navarros, Corteses, Alvarados, Albas, Bazanes, Mondragones, Verdugos, Moncadas, Requeséns y otros, cuyos respetables nombres no puedo tener ahora presentes; pero que tú podrías saber, si en lugar de malgastar tu tiempo, lo emplearas en leer los Marianas, Zuritas, Ferreras, Herreras, Solises, Estradas, San Felipes, con los Mendozas y otros historiadores. Aún más altos lugares que éstos ocupan las casas de nuestros nobles de primera jerarquía, que descienden de varias Familias Reales. Hasta en la corrupción de querer ennoblecerse los que nacieron en baja esfera, se ve la veneración que tributan a la verdadera nobleza, pues siempre se fingen un origen en las Provincias de donde dimanó la libertad de España; pero ninguno pretende ilustrarse sentado en una silla muchas horas, como dice el señor Montesquieu que se usa por acá, ni comprando con una hija rica el hijo noble de una casa pobre, como dicen que se usa en otras partes.

4. Que hacemos consistir el honor de nuestras mujeres en que lleven las puntas de los pies tapadas, con la pueril especie de antítesis de que se les permite llevar descubiertos los pechos, es otra especie nueva para todo el que haya visto cuadros de familia, y retratos de nuestras abuelas, a quienes apenas se les veía las caras: y supongo que de aquellos tiempos habla el tal Caballero, porque en los nuestros se visten en Madrid como en París, testigos tantos millones como salen anualmente en España en la compra de cintas, blondas, encajes, &c.

5. Que nuestros libros se reducen a novelas y libros Escolásticos, es también otra cosa infundada. Compárense las fechas de nuestra literatura y de la Francesa, en punto de lenguas muertas, Retórica, Matemática, Navegación, Teología y Poesía. Oigan lo que algunos autores Franceses confiesan sobre la antigüedad de las ciencias en este u en el otro lado de los Pirineos. Léase la Biblioteca Española de Don Nicolás Antonio, se verá el número, antigüedad y mérito de nuestros Autores, sin contar los que no tuvo presentes, y los que han florecido desde entonces, hasta la publicación de las Cartas Persianas. Si dijera que desde mediados del siglo pasado hemos perdido algo, y particularmente en Matemá-

ticas y Física buena, y de más a más nos indicara la causa, y el remedio, haría algo de provecho.

6. Segunda parte de esto es lo que sigue diciendo; a saber: Que no tenemos más que un libro bueno, y es el que ridiculiza todos los restantes. Ni el tal libro es el solo bueno, ni ridiculiza todos los restantes. Sólo se critican en él los de la Caballería andante, y algunas comedias.

7. Alguna noticia que tuvo de las Batuecas mal traída, sin duda, le hizo decir que teníamos en nuestro continente países poco conocidos. Ahora esto ya ves cuán floja crítica forma; y con poco menos fundamento dice: que aunque nos jactemos de que el Sol nunca deja nuestras posesiones, no ve en ellas sino países desiertos y campos arruinados. Lo cierto es que la disminución de la población de la península (de 50 millones en tiempo de Augusto, 20 en tiempo de Fernando el Católico, y 9 en el nuestro, sin contar las Provincias de Portugal) ha arruinado en mucho este país; pero siempre estará muy lejos de verificarse, mientras no se aniquile la cultura de Cataluña, donde se han plantado viñas en las puntas de los cerros, y suben los hombres atados con cuerdas para trabajar, y la fertilidad de Andalucía, donde desde Bailén a la orilla del mar, materia de cincuenta y tantas leguas, no se ve sino trigo y aceituna; la abundancia de la huerta de Murcia, en cuyas cercanías ha habido ejemplar de cogerse ciento y veinte fanegas de cosecha por una de sembrado; las cosechas de Castilla la vieja, que en un año regular puede mantener media España, y otros pedazos de la península, que la hicieron el objeto de la codicia de las primeras naciones que comerciaron y navegaron.

Con que conocerás el peligro que hay en hablar de un país extranjero sin haberlo visto, aun cuando se posea un gran talento, un sólido juicio, una profunda erudición y un carácter respetable en las Repúblicas política y literaria.

Aquí paró mi padre; y se levantó dándome su mano a besar, según su ridículo estilo antiguo, y diciéndome que deseaba enviarme a Valencia a que viese un pedacito de terreno que me había comprado, y añadido al corto pero honroso vínculo de su casa.

Dígame V. md. qué he de hacer en este caso, pues aquí que nadie nos oye, aseguro que me quedé casi casi confuso, conociendo que si sigo el dictamen de mi padre seré un gran *sector* [5] toda mi vida, y no podré *brillar*,

5. «La palabra "sector" se deriva del italiano "seccatura" y significa "un aburrido".» Nota de Glendining, op. cit., p. 189.

como deseaba, y veo, no sin envidia, a otros; cuán fácil me hubiera sido con los documentos de V. md., cuya importante vida guarde el Cielo para instrucción de sus discípulos, aumentos de las ciencias, ornamento de este siglo filosófico y civilizado, y alivio de los que no tienen genio de estudiar como yo, &c. &c.

(Aquí la firma.)

Post-scriptum, u post-data.

Mire V. md. si yo había tomado poca determinación. Era mi ánimo salirme unos quince días de España, y volver preguntando, no cómo se llama el vino y pan en Castellano, según V. md. lo aconseja en su muy sólida, madura y benemérita instrucción, sino preguntando, viendo a mi padre con otros amigos suyos: ¿Quién de estos Caballeros es mi padre?

Esto sí que me hubiera inmortalizado en la República a la Violeta. V. md. mismo me hubiera tenido envidia.[6]

6. *Los eruditos a la viole*ta, 1781, pp. 122-131.

La polémica en torno a Masson

Diez años después, en los volúmenes de *Géographie* de la nueva *Encyclopédie Méthodique* editada por Panckoucke, el artículo sobre España, escrito por Nicolas Masson de Morvilliers, movilizaba una polémica cuya historia se ha hecho muchas veces, de la que quiero recordar aquí sólo unos cuantos detalles pertinentes, en los que no siempre se ha insistido. El artículo de Masson tenía muy poco interés; su información era considerable en algunos aspectos, superficial casi siempre, con errores que después, en una reimpresión hecha en Parma, se pusieron de relieve, para satisfacer a los críticos. La fortuna excepcional que tuvo se debe casi exclusivamente a la insolencia y el descaro de su famosa pregunta: «*Que doit-on à l'Espagne? Et depuis deux siècles, depuis quatre, depuis dix, qu'a-t-elle fait pour l'Europe?*» Esto, y creo que esto sólo, desencadenó las respuestas, que habían de irse convirtiendo automáticamente en apologías.

Como es sabido, Antonio Cavanilles, el famoso botánico, que residía en París, compuso su réplica, que fue muy bien acogida en Francia: *Observations de Mr. l'Abbé Cavanilles sur l'article Espagne de la nouvelle Encyclopédie*, París, 1784. Cavanilles se atiene sobre todo al presente, y reivindica los méritos españoles. Poco después, otro abate, el piamontés Carlos Denina, pronuncia en la Academia de Berlín su discurso *Réponse à la question Que doit-on à l'Espagne?*[1] Este escrito es más citado que leído,

1. *Discours lu à l'Académie de Berlin dans l'assamblée publique du 26 janvier l'an 1786 pour le jour anniversaire du Roi. Par Mr. l'abbé Denina. Madrid, à l'Imprimerie Royale.*

y no se suele reparar en algunos de sus rasgos más característicos y significativos.

En primer lugar, comienza, curiosamente, con un *argumentum ad hominem*:

> On lit dans la nouvelle Encyclopédie par ordre de matières: *Que doit-on à l'Espagne? Et depuis deux siècles, depuis quatre, depuis dix, qu'a-t-elle fait pour l'Europe?* Il est étonnant qu'un François dans un ouvrage qui porte en quelque façon une empreinte nationale ait fait cette question dans le temps précisément que la France faisoit la guerre aux Anglois pour rendre indépendants d'une puissance Européenne des pays que l'Espagne avait donnés à l'Europe, & dans le temps que l'Espagne faisoit les plus grands efforts pour garantir nos côtes méridionales des incursions des Corsaires Afriquains protégés par la France. Si Mr. Masson, redacteur de cet article, a cru q'en recherchant les progrès de l'esprit humain et de la société en général, on doit faire abstraction des intérêts des États; comment n'a-t-il pas craint qu'un Espagnol à son tour ne demandât: *Qu'a fait la France pour le genre humain depuis qu'elle existe?*

A insolencia, insolencia y media. Denina plantea la cuestión en términos *nacionales* y de rivalidad. Francia está precisamente entonces luchando con Inglaterra por la independencia de los Estados Unidos, es decir, por una prueba palpable de la aportación de España a Europa; y si se pone en duda si ésta ha significado algo en diez siglos, Denina hará una pregunta aún más hiperbólica acerca de Francia. Sin embargo, piensa quizá que ha ido un poco demasiado lejos; hace profesión de respeto y estimación por Francia; recuerda que está hablando en una institución que no es propiamente nacional y que en cierto modo puede ejercer un arbitraje acerca de tales querellas —se entiende, entre naciones—:

> Ce n'est pas sans beaucoup de regret que je rappelle ici des vérités qui peuvent n'être pas agréables à une Nation que je respecte & que j'estime infiniment; mais engagé par état & par goût à chercher les progrès des sciences & des arts, ce que je vais dire a trop de rapport aux sujets dont je m'occupe pour que je puisse le taire. D'ailleurs l'Académie de la quelle j'ai l'honneur d'être Membre, n'étant proprement d'aucune nation, & jouissant de la protection d'un Monarque qui prend autant d'intérêt à l'honneur littéraire des peuples qu'à leur su-

rété politique, elle a plus de droit qu'aucun autre corps de cette nature de se regarder comme arbitre de semblables querelles.[2]

En este pasaje hay un concepto que creo nuevo y que me parece admirable: el del *honor literario* de los pueblos, que Denina empareja con la seguridad política. Muestra hasta qué grado ha llegado la «personalización» de las naciones como tales; no se trata ya de los reyes como encarnaciones simbólicas de ellas y titulares de su poderío respectivo, sino de la personalidad cultural de cada una, a la cual corresponde nada menos que un «honor» que se puede herir, lo mismo que el de un hombre individual, que se puede atropellar como la seguridad del territorio. Esa expresión que Denina desliza sin detenerse, probablemente sin reparar mucho en ella, me parece reveladora de un nivel de *creencias* que es el del tiempo, y que por lo demás no corresponde a las ideas que el abate piamontés va a poner en juego en su Discurso. Éste, precisamente, se instala en el punto de vista de la rivalidad personal. Denina, en efecto, continúa así:

> Je ne dois pas taire ici que Mr. l'Abbé Cavanilles a publié à Paris, il y a plus d'un an, des observations sur ce même article. Je ne suis pas assez présomptueux pour prétendre de soutenir mieux que lui la cause de sa nation. Mais puisque ce savant Espagnol s'est particulièrement attaché à faire connoître les grands hommes qui sont à présent en Espagne, je me bornerai à parler de ceux qu'elle a eu dans les siècles passés. Je me tiendrai aux expressions dont Mr. Masson s'est servi; car il ne se contente pas de demander ce qu'a fait l'Espagne depuis quelques temps, mais il demande ce qu'elle a fait pour l'Europe depuis quatre cents, depuis mille ans? Je réponds que l'Espagne a fait pour la France même depuis le temps de Charlemagne & d'Alcuin, jusqu'au ministère de Mazarin, plus que la France n'avoit encore fait pour les autres nations.

Denina inicia un género literario que se va a prodigar desde entonces y que tiene su ejemplo máximo en *La ciencia española*, de Menéndez y Pelayo; la enumeración de nombres más o menos ilustres, obras que se suponen importantes, aunque su contenido no resulte claro, pre-

2. Ibíd., p. 3.

cursores cuya influencia no es evidente. Va a pasar revista a las ciencias y las artes «según su división ordinaria»: Teología, Jurisprudencia, Medicina, Física, Matemáticas, Bellas Letras y Bellas Artes. Y, pensando en la presión del tiempo, tiene que tomar precauciones para hablar de la primera:

> Je crains qu'au mot Théologie ne s'élève autour de moi un murmure pour m'avertir que l'on doute si elle nous a fait beaucoup de bien. Cependant la connaissance de Dieu qui en est l'objet, & la Morale qui en est une suite, peuvent-elles être comptées pour des spéculations inutiles?

Hecha esta salvedad, Denina concede que la Teología ha hecho grandes progresos en las escuelas de París; pero inmediatamente subraya que los grandes jefes de escuela no eran franceses, e inmediatamente busca antecedentes y precedentes españoles. Es decir, intenta una visión «nacionalista» de la Teología, incluso en la Edad Media, cuando precisameste la cristiandad europea funcionaba como una unidad *anterior a las naciones*:

> Cette science a fait certainement de grands progrès dans les écoles de Paris. Il est vrai qu'aucun des grands chefs d'école n'étoit François. St. Anselme, Pierre Lombard, St. Thomas étoient Italiens; Albert le grand & Alexandre de Hales, Allemands; Scot étoit écossois. Mais ce qu'il importe de dire, c'est qu'avant que ces grands maîtres de la Théologie scholastique ayent paru, un Espagnol évêque de Saragosse apellé Tayo, avoit donné le premier modèle d'un corps de Théologie; & que le premier traité complet de Morale chrétienne a été l'ouvrage d'un Dominicain Espagnol.»

El espíritu «comparatista» y de rivalidad prosigue a lo largo de todo el razonamiento, incluso para repartirse los «méritos» de las heterodoxias o de los desórdenes de origen religioso:

> Il est vrai que le Molinisme et le Quiétisme doivent leur origine à des Théologiens Espagnols, & que Jansenius étoit créature de Philippe IV. Mais est-ce en Espagne, que prirent feu les querelles qui ont embrasé l'Église au sujet de ces doctrines? Les bulles qui ont causé tant

de troubles, ont-elles été sollicitées par des Jésuites Espagnols?[3]

Lo mismo por lo que se refiere a la superstición y el fanatismo; el cardenal Guillaume de Blois ha sido uno de los primeros que creyeron honrar a la Divinidad entregando a las llamas a los que no pensaban *como él* —repárese en esta expresión de Denina—, y hacia 1192 hizo quemar a los heréticos que negaban el bautismo de los niños y la eucaristía. Las Cruzadas han despoblado Europa y causado grandes males: ¿de dónde era san Bernardo? ¿Se puede comparar a Cisneros (Ximènes) con Richelieu sin dar la preferencia al primero? Siempre la comparación entre España y Francia, para mostrar que los méritos de la primera son superiores, que ha ido siempre delante.

Al final de su discurso, Denina tiene que reconocer, sin embargo, que durante algún tiempo España «casi ha desaparecido del teatro de las ciencias y de las artes». Algo hay que reconocer a Masson, que ha perdido su parte de razón al extender a diez siglos lo que puede ser verdad de un breve periodo. De todos modos, Denina tiene que enfrentarse con el problema de la decadencia. ¿Cómo lo interpreta?

> Cependant on ne sauroit nier que l'Espagne pendant quelque temps n'ait presque disparu du théâtre des sciences & des arts, & l'on est forcé de donner raison en partie au redacteur de cet article. Il est vrai qu'ayant porté une accusation vague & outrée contre l'Espagne en embrassant deux, quatre, dix siècles, Mr. Masson semble aussi s'être laissé échapper les causes véritables de sa décadence: & ces causes mériteroient d'être mieux approfondies.
>
> Les Espagnols qui trouvoient des ressources inépuisables dans le nouveau monde, n'eurent plus aucune envie de commercer dans les autres pays de l'Europe, & se mirent par là hors d'état de suivre les progrès qu'on y faisoit. Le gouvernement de même tourna ses soins du côté de l'Amérique qu'il regarda comme la source principale de ses richesses. L'or du Pérou, l'argent du Potosi, les délices de l'Italie, l'industrie des Flamands & des fidèles Francs-Comtois appartenaient à l'Espagne. Comment aurait-on pu, avec tant d'avantages, ne point se reposer?
>
> Les nations sont sujettes aux mêmes vices, aux mêmes

3. Ibíd., pp. 4-6.

vicissitudes que les hommes. La prospérité, les honneurs amenent la mollesse, la paresse, la présomtion & l'orgueil; & à force de se persuader qu'on ne peut avoir des rivaux, on en rencontre enfin qui nous devancent. Voilà ce qui est arrivé à l'Espagne. Vers le milieu du siècle passé, lorsque l'Espagne commençoit à tomber, elle avait besoin d'être excitée par quelque autre nation qui pût lui donner cette émulation aussi utile aux peuples qu'aux particuliers; mais cette nation ne se présenta pas alors à ses yeux. Malheureusement elle se croyait trop au dessus de tout ce qui l'environnoit.

On faisoit encore quelque cas de l'Italie, le seul pays, où les Espagnols voyageassent. Mais vouloient-ils prendre pour modèles des Milanois ou des Napolitains, leurs sujets, ou des Toscans sujets d'un prince presque vassal de l'Espagne? D'ailleurs en Italie regnoit alors le même mauvais goût qui s'étoit introduit en Espagne.

L'Allemagne désolée par les troupes de Ferdinand II. & par les Suedois, ne figuroit pas encore dans la littérature, & n'étoit plus dans les sciences ce qu'elle avoit été les deux siècles précédents. Les Hollandois n'étoient regardés que comme des mariniers mutins. L'Espagne pouvoit-elle se mesurer avec un pays qui n'auroit pas fait la trentième partie de sa domination en Europe? Les Huygens, les Vossius, les savants, les littérateurs de Leyden & d'Utrecht furent nuls pour les Espagnols.

L'Angleterre étoit aussi bien éloignée d'exciter l'admiration des autres peuples: on n'en parloit alors que comme d'un théatre de catastrophes tragiques: le chancelier Bacon, peu estimé alors dans sa patrie, l'étoit encore moins ailleurs. Shakespear n'étoit rien pour l'Espagne. Milton n'étoit pas connu. Nevton & Loke étoient à peine nés.

Quoique la France n'eût pas encore atteint ce degré de considération qu'elle acquit vers la fin du siècle, elle pouvoit seule mériter l'attention de l'Espagne; mais l'antipathie étoit trop grande pourque les Espagnols pussent se resoudre à imiter leurs voisins, ou à s'informer des progrès qu'ils faisoient dans les arts & les sciences. Lorsque l'orgueilleux ministre de Louis XIII. se piquoit d'émulation à l'égard des favoris de Philippe IV., les Grands d'Espagne ne pouvoient pas être disposés à imiter les François. Le coup fatal que Richelieu porta au gran colosse ne fit que l'étourdir & en augmenter l'indolence. La léthargie fut à son comble sous les derniers rois Autrichiens. Au commencement de ce siècle l'Espagne étant passée sous la domination d'un prince de la maison de France & gouvernée par des François, eut plus de répugnance que jamais de paroître l'éleve d'une nation rivale.

Les François auroient voulu donner leurs goûts, leur manière & leur langue à l'Espagne, & l'on ne fut plus ni Espagnol ni François. La Reine Gabrielle de Savoie, qui avec une fermeté sans exemple soutint la couronne d'Espagne sur la tête de son mari, eut à peine le temps de le voir affermi sur le trône. La monarchie reparut pour un moment lorsque le Cardinal Alberoni la tira de la dépendance de la Cour de Versailles; mais ce ne fut qu'un moment. Peut-être le gouvernement des Italiens aurait eu ses inconvenients comme celui des François. La seconde femme de Philippe V. ne pouvant se passer de la France pour l'établissement de ses fils, ne put laisser prendre aux Espagnols leur esprit, & leur génie naturel. L'Espagne n'a commencé à redevenir ce qu'elle doit être qu'après qu'elle a vu sur le trône des Rois nés dans son sein, & qu'elle voit à la tête des affaires des Ministres, dont les intérêts ne peuvent être séparés de ceux de la nation & de l'état.[4]

Me he detenido en esta larga cita de los párrafos finales del discurso de Denina porque en ellos aparecen unas cuantas ideas interesantes: Denina reconoce una *ausencia* de España, casi desaparecida del teatro de las ciencias y las artes; la explicación de ello la encuentra Denina, con sobrada simplificación, en el exceso de facilidades de España, derivadas de sus posesiones ultramarinas, y de la ausencia de rivales a su alrededor. Ninguna de las dos cosas es sostenible, por supuesto, y basta un mediano conocimiento de la realidad española durante todo el siglo XVI y los primeros decenios del XVII para ver que los problemas internos no faltaban, y que España tenía que contar enérgicamente con los demás: Francia, Inglaterra, Flandes, Alemania, Italia. Lo que Denina dibuja, un poco a pesar suyo, es la imagen de un aislamiento desinteresado: España no se va a fijar en los italianos, los científicos y escritores de Holanda «fueron nulos para los españoles», Shakespeare «no era nada para España», ésta no iba a prestar atención a la Francia ascendente y rival.

Pero Denina permanece hasta el final de su discurso recluido en el punto de vista de las naciones particulares. No ve más que rivalidades, pugnas de unas con otras, cuestiones dinásticas, influencias italiana o francesa. Perdido entre las naciones, no es capaz de salir de ellas para defender a España o para comprender su decadencia: se le escapa, nada menos, la realidad de Europa.

4. Ibíd., pp. 40-44.

La apología de Forner

Juan Pablo Forner (1756-1797) era el hombre adecuado
para responder a Masson; al menos así lo parecía. Pole-
mista, áspero, insultador, agresivo, con cierto ingenio basto
y elemental y considerable erudición, movido de una violenta pasión española, mal avenido con su siglo, ¿quién
mejor? Por encargo de Floridablanca, Forner compuso
una apología, que se imprimió por cuenta del Estado en
la Imprenta Real, y en condiciones editoriales excelentes:
Forner percibió 6 000 reales y además el producto de la
edición.[1] Este libro era la *Oración apologética por la España
y su mérito literario*.[2] Las réplicas en pro y en contra que
suscitó fueron incontables. Se puede leer una información
bastante bien documentada en el libro de Emilio Cotarelo
Iriarte y su época.[3] Sólo me referiré aquí más adelante a
un par de resonancias de la *Oración apologética* que Cotarelo no estudia o considera de manera insuficiente y
que me parecen muy significativas.

«Mi propósito —escribe Forner— fue escribir más

1. No es dudoso que en este encargo influyeron motivos políticos y de
hostilidad nacional entre España y Francia. Bernardo de Iriarte, en unos
apuntamientos que cita Cotarelo en la obra mencionada más abajo, pp. 315 ss.,
se refiere explícitamente a ello: la aversión a Francia de Floridablanca y el
ponderar su propio buen gobierno.
2. *Oración apologética por la España y su mérito literario para que
sirva de exhortación al Discurso leído por el abate Denina en la Academia
de Ciencias de Berlín, respondiendo a la qüestión: «¿Qué se debe a España?»
Por D. Juan Pablo Forner*. En Madrid. En la Imprenta Real. 1786. Cito la
edición hecha por A. Zamora Vicente, Badajoz, 1945, cuyo prólogo contiene
interesante información.
3. Madrid, 1897. Véase el capítulo XIV, pp. 303-330 sobre todo.

como declamador que como historiador crítico.» [4] Lo que aquí interesa no es tanto la apología que intenta escribir como los *supuestos* de que parte y que le sirven de fundamento; el sistema de valoraciones que pone en juego; la imagen de la realidad histórica y de la cultura que maneja y se propone imponer a sus lectores. No está de más ver las cosas que se podían decir en España, y por un hombre ilustre, en 1786; convendrá tenerlo presente al leer el manuscrito cuya edición me obliga a recordar todas estas cosas.

Es curioso advertir cómo Forner empieza con algunas cautelas, dándose cuenta de los riesgos que entrañan las Apologías y cuál puede ser su única justificación; pero inmediatamente se embala y comienza a subordinar todo a su conveniencia o incluso a sus humores:

> Una Apología que se encamina a autorizar los engaños o los errores, tanto más abominable será cuanto más excelente en el desempeño. Sobre todo, las Apologías de la literatura de una nación pueden ocasionar daños gravísimos, si no se fundan en la verdad y carecen del conveniente temperamento. La defensa no debe recaer sobre los abusos que en gran número reinan, ya de un modo, ya de otro, en todas las naciones y países. Tal vez nuestros acusadores nos culpan justamente en algunas cosas; y entonces, si faltan a la urbanidad y al decoro en las expresiones con que nos reprehenden, la mejor Apología es hacer ridícula su desvergüenza, procurar aprovecharnos a la sordina de la sustancia de las acusaciones. Pero los hombres saben rara vez contenerse en el justo medio. Hay entre nosotros quienes creen muy de corazón que todo se sabe en España, y que nuestros métodos de enseñar son los mejores del mundo; y hay otros que todo creen que se ignora y nos ven como hundidos en una lastimosa barbarie. Yerran unos y otros imprudentemente, porque ni todo lo que se sabe en España es lo mejor *ni tampoco se deja de saber lo necesario, lo conveniente, y aun mucha parte de lo superfluo.*[5]

Adiós imparcialidad; adiós justo medio; Forner dice, nada menos, que en España se sabe cuanto hace falta y aun más. Con apariencia de «justo medio» ha tomado ya la posición extrema, apenas disfrazada; reténgase esta táctica, porque va a ser la predilecta de todo un linaje de escrito-

4. *Oración apologética*, Badajoz, 1945, p. 7.
5. Ibíd., pp. 8-9. Los subrayados son míos.

res españoles que tienen en Forner uno de sus antepasados. Lo malo es que esa afirmación inicial lo va a llevar muy lejos: una vez establecido que en España se sabe todo lo necesario y conveniente, la consecuencia ineludible es que lo que en España se ignora no lo es; y Forner difícilmente se detiene ante nada. Veámoslo.

> Lo digo en la Oración y lo repito aquí. Las Repúblicas de Esparta y Roma no dieron de sí *Platones ni Zenones, grandes soñadores de mundos*, y no por eso desmereció el crédito de una y otra en la consideración de la posteridad. Supieron la filosofía que bastaba para practicar dignamente las virtudes humanas y civiles, y *dejaron a la cavilosa Atenas la ocupación de soñar sistemas y disputar sobre la realidad de sus mismos sueños*. Es cierto que *las artes de puro recreo* viven de la superfluidad y que la austeridad del saber y de las costumbres da pocas apariencias de esplendor a los pueblos que la ejercitan.[6]

Ya está España remitida a Esparta y apartada de «la cavilosa Atenas»; ya se llama a Platón y Zenón «grandes soñadores de mundos», con no mala frase, y de la que no habría mucho que reprender si Forner pensara en lo que lleva dentro y no en las «artes de puro recreo». Y en seguida van a empezar los ejemplos, para que todo resulte claro: Lucrecio fue más elegante que Lucano, pero éste «inspira más virtud que Lucrecio en aquel su estilo hueco e impetuoso» —uno se pregunta por qué se ha de elegir entre Lucrecio y Lucano—; ¿qué utilidad ha traído a los hombres toda la «agudeza y buen gusto de Voltaire»? Y en seguida vienen cosas más graves:

> Confiesan los franceses con ingenuidad que Descartes fue un novelista, y con todo eso quieren hacerle pasar por el promotor de la Filosofía en Europa, como si su filosofía se desemejase mucho de la que dominaba en la antigüedad. Su tratado *Del método* es nada en comparación de los libros *De la corrupción de las artes*, de J. L. Vives, que lo antecedió buen número de años. Las obras morales de éste, solas por sí, valen tanto, por lo menos, como toda la filosofía cartesiana.[7]

En el conocimiento del hombre y sus deberes no se ha adelantado «una sola verdad» desde Vives. Descartes «fue

6. Ibíd., p. 9. Subrayados míos.
7. Ibíd., p.11.

indubitablemente menos que Aristóteles y valió al poco más o menos tanto como un Zenón o un Demócrito». El punto decisivo es para Forner la *utilidad*, «el punto céntrico de la sabiduría útil». Y cuando, tras el prólogo, entra en materia, lo hace con esta frase, que quizá se arrepintió de haber escrito: «La gloria científica de una nación no se debe medir por sus adelantamientos en las cosas superfluas o perjudiciales.»[8] «¿Qué utilidades ha logrado el género humano con las ideas de Platón, el materialismo de los estoicos, las cualidades de los peripatéticos, los átomos de Epicuro...?»[9] «Los sistemas, que eran antes una posesión de las ciencias abstractas, han pasado a las historias de la literatura; y se insertan en ellas novelas muy enlazadas, no de otra suerte que enlazó Leibniz su Optimismo con las cuestiones de la bondad de Dios y de la libertad...»[10] Y ya por ese camino agrega:

> Es menester confesarlo: solos Juan Luis Vives y Francisco Bacón de Berulamio han conocido en el mundo el mérito intrínseco, el valor real de la sabiduría, y sólo ellos eran capaces de desengañar dignamente el aprecio de la de cada nación. Yo sé que no se hubieran deslumbrado ni con la máquina de los torbellinos, ni con los enlaces de los átomos, ni con la vitalidad de las mónadas, ni aun tal vez con las famosas leyes de la gravitación... Nada de cuanto oliese a sistema arbitrario lograría aprecio en su estimación para aumentar el valor científico de un pueblo o gente.[11]

No carece Forner de agudeza. Se da cuenta —con irritación— del papel que los intelectuales desempeñan en su tiempo; se trata de «una tropa de sofistas ultramontanos», es cierto; pero su ascendiente es increíble:

> En cada libro hallamos un oráculo; en cada escritor, un censor inexorable de los hombres, de las opiniones, de las costumbres, de las naciones, de los Estados, del Universo... No hay gobierno sabio, si ellos no lo establecen; política útil, si ellos no la dictan; república feliz, si ellos no la dirigen; religión santa y verdadera, si ellos, que son los maestros de la vanidad, no la fundan y determinan... Dignos, cierto, de ser compadecidos, si limitándose el

8. Ibíd., p. 17.
9. Ibíd., p. 18.
10. Ibíd., p. 19.
11. Ibíd., p. 20.

solo y gracioso ministerio de delirar, no juntasen la malignidad al delirio, y a la ignorancia las atrevidas artes de la impostura.[12]

Se queja Forner, con evidente razón, de que se ocupan de España y hablan con suficiencia de ella hombres que la desconocen:

Hombres que apenas han saludado nuestros anales, que jamás han visto uno de nuestros libros, que ignoran el estado de nuestras escuelas, que carecen del conocimiento de nuestro idioma, precisados a hablar de las cosas de España por la coincidencia con los asuntos sobre que escriben, en vez de acudir a tomar en las fuentes la instrucción debida para hablar con acierto y propiedad, echan mano, por más cómoda, de la ficción; y tejen a costa de la triste Península novelas y fábulas tan absurdas como pudieran nuestros antiguos escritores de caballerías. Éste es el genio del siglo.[13]

Y como si quisiera probarlo, Forner se embarca en la más extremosa arbitrariedad a propósito de los demás, es decir, de la filosofía y la ciencia europeas:

España ha sido docta en todas edades. ¿Y habrá dejado de serlo en alguna porque con los nombres de sus naturales no puede aumentarse el catálogo de los célebres soñadores? *No hemos tenido en los efectos un Cartesio, no un Newton: démoslo de barato*; pero hemos tenido justísimos legisladores y excelentes filósofos prácticos, que han preferido el inefable gusto de trabajar en beneficio de la humanidad a la ociosa ocupación de edificar mundos imaginarios en la soledad y silencio de un gabinete. *No ha salido de nuestra Península el Optimismo, no la Harmonía preestablecida*, no la ciega y invencible Fatalidad, no ninguno de aquellos ruidosos sistemas, ya morales, ya metafísicos, con que *ingenios más audaces que sólidos* han querido convertir en sofistas, porque ellos lo son, a todos los hombres, y trocar en otro el semblante del universo... Para mí entre el *Quijote*, de Cervantes, y el *Mundo*, de Descartes, o el *Optimismo*, de Leibniz, no hay más diferencia que la de reconocer en la novela del español infinitamente un mayor mérito que en las fábulas filosóficas del francés y del alemán... *No entendemos por Física el arte de suje-*

12. Ibíd., pp. 21-22.
13. Ibíd., p. 23.

tar la naturaleza al capricho, en vez del raciocinio a la naturaleza, y por eso claman que no la conocemos... Hemos tenido grandes juristas, sapientísimos legisladores, eminentes intérpretes de la razón civil; pero entre ellos *ninguno ha escrito el espíritu de las letras en epigramas, ni ha destruido en las penas el apoyo de la seguridad pública,* ni se ha resuelto a perder el tiempo y el trabajo en fundar repúblicas impracticables.[14]

Más adelante entra en precisiones aún mayores, referentes sobre todo a la ciencia moderna:

No crea precipitadamente ninguno de mis españoles que en su Península, aunque no tan rica en depósitos de experimentos, se sabe menos Física que en Francia o Inglaterra. No se deje deslumbrar con los ásperos cálculos e intrincadas demostraciones geométricas con que, astuto el entendimiento, disimula el engaño con los disfraces de la verdad. *El uso de las Matemáticas es la alquimia en la Física, que da apariencias de oro a lo que no lo es.*[15]

No se entiende bien el punto de vista de Forner si no se cae en la cuenta de que su ojeriza principal va contra toda especulación, contra la teoría en todas sus formas; dondequiera que aparece, desde Grecia hasta los físicos modernos, se encrespa e irrita: «La pomposa Grecia apenas vio en sus escuelas sino caprichos expuestos con admirable orden y enérgica majestad de palabras.» [16] Por eso tiene que justificar a España de su escolasticismo, y lo hace de una manera extremadamente curiosa: «Su inclinación a sutilizar y su tenaz apego al escolasticismo ¿no tienen desacreditados sus métodos y libros en toda Europa?» [17] Después de una violenta arremetida contra los árabes, emprende otra no menor contra los escolásticos, contra los doctores *Resolutísimos, Irrefragables, Sutiles,* pero España estuvo libre de ellos:

¡Ciertamente, no salió de España en aquellos tiempos ningún *Doctor irrefragable;* no ningún jefe de *realistas;* no ninguno de *nominalistas.* No fue ella el teatro en donde se representaron las llorosas escenas de los Ros-

14. Ibíd., p. 24-27.
15. Ibíd., p. 41. Subrayados míos.
16. Ibíd., pp. 43-44.
17. Ibíd., p. 43.

celinos, Almericos, Porretanos, Dinantos, Abelardos; ni el clima *influidor de las sutilezas* influyó entonces en ninguno de sus sabios los errores de aquellos hombres...[18]

El escolasticismo fue en rigor ajeno a España: «París, Bolonia, Oxford, Padua, Ferrara, Nápoles le engendraron y alimentaron; franceses, italianos, alemanes, ingleses fueron los grandes promovedores del falso Peripato.»[19] «La paz que floreció entonces dichosamente en el seno de la Iglesia de España *aseguró la verdad del dogma sin ventilarle*»;[20] «mientras las Universidades de afuera trabajaban con vehementísimo ahínco en perturbar el uso de la racionalidad y producir enormes depósitos de sutilezas vanas o incomprensibles, *España, libre del contagio del Escolasticismo...*»[21] Las primeras cátedras de la Universidad de Salamanca eran de las artes que «no se fomentaron ciertamente para formar grandes escolásticos.»[22] «*Nada se disputaba en España*», concluye con orgullo Forner.[23] Entonces, ¿qué es, que ha sido el Escolasticismo español? Forner intenta explicarlo, y con ello precisa más su idea de la ciencia y la sabiduría:

> *España se hizo escolástica mucho tiempo después que toda Europa era escolástica.* Adoptó enteramente aquel método, con tanto ardor y escándalo sostenido en las Universidades, cuando vio que para conservar íntegra la unidad de la religión era ya indispensable necesidad derrotar con la teología escolástica a los que, confundiendo los abusos de ésta con los fundamentos de la religión, con pretexto de desterrar el escolasticismo, destruían el dogma y desunían la Iglesia. Mas ¿de qué modo se adoptó en España? Mejorándole; convirtiéndole de profesión semibárbara en ciencia elegante, sólida, reducida a principios ciertos e invariables..., *lo que tiene de malo el Escolasticismo no lo adquirió en España: lo que tiene de bueno aquí lo adquirió...* España jamás trocará al solo escolástico Cano, no ya por todos los *Iluminados* e *Irrefragables* de la edad pasada, pero ni tal vez por ninguno de estos ponderados fabricadores de mundos de la presente, que, con título de filósofos, han dado *algún aumento a las Matemáticas*, pero han tratado a la Filosofía,

18. Ibíd., p. 53.
19. Ibíd., p. 54.
20. Ibíd., p. 55. Subrayado mío.
21. Ibíd., pp. 55-56. Subrayado mío.
22. Ibíd., p. 56.
23. Ibíd., p. 56.

si con más orden y pulidez, no con menos voluntariedad que aquellos a quienes reprenden. *La utilidad y la solidez son los polos de la sabiduría... Conozco bien el siglo en que vivo...* Tenemos magnífica opinión de las ciencias de nuestros días, porque las tratamos con pompa magnífica; pero el imperio de la ignorancia no ha cedido todavía ni muchas ni extensas provincias a las invasiones del entendimiento. Pequeño número de verdades, sujetas a evidente demostración, consuelan a los hombres juiciosos de la *vasta multitud de ficciones y conjeturas que nos agobian sin asegurarnos*. No hay ciencia, aun en la presente *ilustración*, cuya mayor parte no conste de *dudas y controversias...*[24]

He dejado deliberadamente para el final un aspecto de la *Oración apologética* que, aunque parezca extraño, no había surgido hasta ahora: el de la libertad. En España, dice Forner, «se desestima la peligrosa libertad de escudriñar los arcanos del Hacedor más de lo que es debido y de hablar de todo insolentemente». Voltaire había dicho que en España no se piensa, que la libertad de pensar es desconocida, que el español, para leer y pensar, necesita la licencia de un fraile. Forner responde: «Pero ¿qué es lo que no se piensa en España, sofistas malignos, ignorantes de los mismos principios de la Filosofía que tanto os jactáis profesar? Es verdad, los españoles no pensamos en muchas cosas; pero señaladlas, nombradlas específicamente y daréis con ellas un ejemplo de nuestra solidez y vuestra ligereza.»[25] Todo el argumento de Forner es que «si en la República civil se prohíben santísimamente las acciones que desbaratan el nudo de la seguridad pública..., ¿por qué en la república literaria no se prohibirán con igual calificación las doctrinas en que... se atropellan los principios más sagrados de la religión y de la sociedad?»[26] Forner equipara los actos subversivos o delincuentes con las doctrinas en que se ponen en cuestión los principios admitidos; iguala al «homicida», al «sacrílego», al «rebelde», al «comunero», al que «se levanta contra la autoridad suprema», con el «falso filósofo» o el «insolente literato». «¿Qué privilegios dan las letras al hombre para que pueda persuadir y enseñar en los libros aquellas acciones que ejecutadas se castigan con el dogal o con la cuchilla?»[27]

24. Ibíd., pp. 58-62. Subrayados míos.
25. Ibíd., p. 28.
26. Ibíd., p. 29.
27. Ibíd., p. 30.

Naturalmente, Forner no se plantea el problema de quién decide el carácter delictivo de las doctrinas, cómo se establece el límite de lo que se puede pensar y decir. Da por supuesto el acierto de la autoridad y, ni que decir tiene, su derecho; y le parece admirable que los poderes decidan por sí mismos lo que se debe pensar, escribir y leer, y lo impongan coactivamente:

> Ni debemos tampoco sonrojarnos de confesar que se nos prohíbe la lectura de aquellos libros que sin que se les prohíba dejan de leer los hombres que desean conservar incorrupta la pureza de sus costumbres... *Acá la legislación nos obliga no sólo a obrar, sino a pensar bien*, y por eso rara o ninguna vez se ven ejecutadas semejantes penas contra los libros; en otras partes ni la imposición de las penas basta para refrenar la audacia de los escritores... Equivocan, pues, vergonzosamente la libertad con el desenfreno los que forman a nuestro gobierno un odioso capítulo porque *no nos permite ser delirantes ni confundir con el verdadero saber la perversidad de la reflexión*. Su filosofía, habituada a maldecir de todo, no se halla en estado de considerar que la legislación más perfecta es no la que impone penas a los delitos, sino la que dispone medios para que no los haya. Castigar a un rebelde, a un impío, a un disoluto es cosa fácil; precaver la rebelión, la impiedad, la disolución es no sólo obra de una prudencia civil perspicacísima, sino la suma de todas las legislaciones y el distintivo más excelente de las que van ajustadas con los principios de la felicidad. No deja de ser libre el que no puede robar; ni aquel a quien se le vedan los libros sofísticos o disolutos deja de ser libre tampoco.[28]

Es cierto que en una nota a este pasaje, a la vez que intenta defender con mayores argumentos y autoridades su tesis, Forner siente que se puede ir demasiado lejos por ese camino, y que acaso en España se ha ido; pero que este celo no es exclusivo de nuestro país, sino que se extiende igualmente a otros:

> Dirán a esto, empero, que el refreno ha sido, a veces, demasiado opresivo, y que por evitar que se piense mal han obligado a pensar casi nada, o a pensar tímida y abatidamente: esto es, en substancia, lo que nos objeta Mr. Masson. Pero esta objeción, si se quiere dar a entender con

28. Ibíd., pp. 30-32. Subrayados míos.

ella la resistencia que hallan algunos libros de parte del celo de la religión, es común a todas las naciones que profesan el Cristianismo y desean conservarle ileso.[29]

Me he detenido considerablemente en el examen de la *Oración apologética* porque fue la pieza mayor de todo su género literario; pero, sobre todo, porque la mayoría de sus exposiciones no hacen ni siquiera sospechar cuál es su contenido efectivo; se suele hablar de la «vehemencia extremeña» de Forner, de su «españolismo», de su «desdén por el afrancesado siglo XVIII», y no se lee —o si se lee se olvida— su toma de posición respecto de los temas decisivos en la época: la filosofía moderna, la ciencia, la libertad. De igual modo, cuando se habla de los contradictores de Forner, se propende a pensar que eran simplemente «afrancesados», o bien eruditos molestos por su agrio espíritu, ansiosos de responder a las polémicas interminables a que Forner se había dedicado. Si hubo algo de todo esto, no hubo eso sólo, ni fue lo más importante. La publicación de la *Oración apologética* en 1786, dos años antes de la muerte de Carlos III, tres años antes del comienzo de la Revolución francesa y del triunfo del reaccionarismo en España, preludiaba ya la ofensiva contra la modestísima ilustración española, cuyo perfil nunca ha estado suficientemente claro, y que a algunos conviene convertir en otro.

29. Ibíd., pp. 124-125.

La justificación de las Apologías

El que quiera seguir la historia de las reacciones a la *Oración apologética*, de Forner, puede consultar *Iriarte y su época*, de Emilio Cotarelo y Mori, sobre todo el capítulo XIV. Sólo quiero comentar brevemente dos resonancias de ella, una de las cuales no menciona Cotarelo, y de la otra da una referencia inadecuada; empezaré por ésta.

En 1788 publicó la Imprenta Real un pequeño libro, sin nombre de autor y de larguísimo título; unas *Cartas de un Español residente en París*,[1] fechadas de 1 de junio de 1787 a 5 de septiembre del mismo año, dirigidas a un hermano del autor y encaminadas a destruir la obra de Forner. Son en total diez cartas, de muy desigual valor. Muchos creyeron, según Cotarelo,[2] que eran de Tomás de Iriarte, escritas en nombre de su hermano Domingo, que desempeñaba la Secretaría de la Embajada de España en Francia: «según Forner mismo —agrega Cotarelo—, pertenecen a D. Antonio Borrego, hermano quizá de D. Tomás del mismo apellido, jesuita, autor de una *Historia universal*, duramente censurada por Forner en aquellos días». Richard Herr supone que, aunque Cotarelo lo tome en serio, Forner no hablaba así, y simplemente jugaba con la significación del apellido «Borrego».[3]

1. *Cartas de un Español residente en París a su hermano residente en Madrid, sobre La Oración Apologética por la España y su mérito literario, de Don Juan Pablo Forner.* Madrid: en la Imprenta Real. 1788.
2. *Iriarte y su época*, p. 321.
3. «Cotarelo y Mori says many believed the author to be Tomás de Iriarte (p. 321), and Menéndez Pelayo attributes them to him (Sorrento, p. 238). Forner

En todo caso, la opinión de Cotarelo sobre las cartas no es demasiado aguda: «Alardean estas cartas —dice— de un antiespañolismo que disgusta, sin que, por otra parte, contengan cosas de mayor sustancia. Divide la materia en diversas cuestiones, pero singularmente se empeña en hacer resaltar defectos de estilo y lenguaje de Forner, como si esto fuese lo esencial en la obra de éste.»[4] Y como muestras únicas de la crítica que las cartas contienen, cita un par de párrafos sobre Cervantes y los reproches a la deshonestidad de Forner por haber llamado a Montesquieu autor de epigramas.

Hay bastante más en las *Cartas*, e interesa recordar que algunas afirmaciones de Forner no pasaron sin protesta. El autor observa que Forner se ha limitado a los sistemas de Descartes, Newton y Leibniz, sin mencionar siquiera a otros muchos. Además, aunque el principio general de un sistema sea falso, puede su autor haber descubierto grandes verdades; ¿es buena fe negarlo u ocultarlo? Y todavía agrega:

> ¿Y por qué no ha de estimar en la Física sino lo que hay en ella de cierto y demostrado? Si así lo hiciera con su Teología Escolástica, que pone en los cuernos de la Luna, ¿qué dejara? Por eso no lo hace.
>
> Lo mismo, si lo hiciera con la Moral, con la Política, con la Medicina, con la Oratoria, con la Dialéctica, con la Metafísica, &c.: porque, ¿quién ignora que en todas las Ciencias es mucho más lo dudoso que lo cierto y demostrado?
>
> Lo probable, cuando no podemos pasar más adelante, también es saber, también es útil y provechoso: el Médico rara vez usa de otra suerte de su arte; lo mismo el Teólogo, el Moralista y los demás; y en la vida civil, si para obrar hubiéramos de esperar a tener antes una demostración, no obráramos...
>
> Para mí es esto tan cierto, que hasta los errores en las Ciencias los reputo por mérito; los *errores* digo, no los *monstruosos*, como distingue bien Séneca. Del que yerra al que sabe no hay sino un paso; mas del ignorar cerrilmente al saber, la distancia es inmensa. ¿Merecerá, pues, alabanza la industria del que se arrimó tanto a la verdad que sólo por un paso no llegó a ella? Ciertamen-

said the author was Antonio Borrego, but he was evidently playing on the meanings of the word "borrego", although Cotarelo and Mori takes him seriously (p. 321).» *The Eighteenth-Century Revolution in Spain*, p. 226, n. 76.

4. *Iriarte y su época*, p. 321.

te, porque si no se arrimara él, no llegaran los otros, como si no se metiera Cabot por el Río de Solís, se metiera Magallanes; y si no deliraran los Astrólogos, no acertaran los Astrónomos; y si no trabajaran en vano los Alquimistas, trabajaran los Quimistas: así, pues, si no hubiera Descartes, no hubiera Newton.

Este dicho es muy general, y puede aplicarse a casi todas las Ciencias y conocimientos un poco dificultosos. Rara vez los primeros hallan la verdad; hállanla los que los siguen, a quienes los errores mismos de los primeros sirven de faro. Luego dispute y disimule Forner cuanto quiera; en la Física como en la Medicina y las demás Ciencias es mérito lo probable.

Mas ¿por qué ha de pintar los grandes hombres de que habla, como a Platón, a Aristóteles, a Epicuro, a Bayle, a Descartes, a Voltaire, a Rousseau, a Newton, a Leibniz, a Montesquieu, sólo por sus defectos? ¿No es esto también malicia? Porque Platón no sólo soñó mundos, ni Aristóteles sólo elementos, ni Epicuro sólo sus intermundios, ni Descartes escribió sólo su sistema, ni Newton su atracción, ni Leibniz su optimismo, ni Bayle, Voltaire ni Rousseau sólo contra la Religión, ni Montesquieu sólo epigramas.

Si por solos los defectos en que caen hemos de estimar el mérito de los Escritores, ¿qué haremos entonces de los tres Raimundos que él celebra? ¿Qué de los dos Hispanos, ni de doscientos? ¿Qué de sus Teólogos, Astrólogos, Alquimistas, Médicos y Boticarios? Pues también éstos han caído en errores, y en errores groseros, como de los más confiesa él mismo: ¿por qué no los pinta por ellos como a los otros? Esto es como si a Filipo, padre de Alejandro, que atravesando el Sandano perdió un ojo, los Pintores sus amigos le retratasen del lado del ojo sano, y sus enemigos del otro.

Así todas las cosas está en nuestra mano el alabarlas o vituperarlas, el hacerlas grandes o pequeñas. ¿Parécete éste buen modo de defender el mérito de España? Así también, si se te antojare, defenderás el de Turquía, y alabarás el estiércol y la locura, y hasta la pederastia, como el Obispo las Casas.[5]

Ésta es la primera parte, y quizá la más interesante, de la crítica a Forner del desconocido español de París. Para éste existe la ciencia, y consiste principalmente en indagación, busca y, por tanto, inevitable, necesario error. Rechazar lo dudoso es rechazar todo saber; dar por su-

5. *Cartas de un Español residente en París...* Carta primera, pp. 11-16.

puesto que los autores a quienes se elogia no tienen errores, una falsedad. Esta carta va certeramente al núcleo de la *Oración apologética*, aquel que la mayoría de los comentadores, hasta hoy, pasan increíblemente por alto: su inadmisible idea de la ciencia o, mejor dicho, su desconocimiento de las exigencias que la constituyen.

Pero en la misma carta primera se encuentra algo sorprendente en un español que escribe a fines del reinado de Carlos III: una enumeración de autores de mérito, en la cual se incluyen teólogos y autores de temas religiosos, y que *no se limita a los católicos*, sino que empieza con los protestantes o dudosos. No conozco ningún otro caso, español e impreso en España, en que se haga nada parecido. El pasaje, que copio respetando la ortografía con que aparecen los nombres citados, dice así:

> Ni sólo hablando de los particulares disimula así Forner; sino también hablando de Francia, de Inglaterra y de las demás naciones de la Europa en cuerpo. Al oírlo, no dirán sino que no han tenido otros Escritores que esos seis u ocho de quienes maldice; que esos son sus dechados e ídolos; que no alcanzan sus defectos, &c. Pero ¡cuánto se aparta en esto, Santo Dios, de la verdad!
>
> En la misma Ciencia de J. C. Crucificado han tenido a Erasmo, a Melancton, a Calvino, a Claudio, a Aubertin, a Larroca, a Castalion, a Chemnitz, a Basnage, a Daille, a Usherio, a Pearson, a Beza, a Grocio, a Episcopio, a Abadia, a Burnet, a Coteler, a Warburton, a Laud, a Stellingflect, a Suicero, a Bingham, a Lightfoot; y los Católicos a Petavio, a Fenelón, a Bossuet, a Jansenio, a Arnaldo, a Nicol, a Pascal, a Quesnel, a Duguet, a Hauteville, a Saci, a Calmet, a Berti, a Noris, a Natal Alexandro, a Dupin, a Launoy, a Saliano, a Sirmondo, a Tomasino, a Morin, a Hardino, a Labbé, a Cossart, a Marca, a Baluzio, a Mabillon, a Dacheri, a Graveson, a Richard y a innumerables otros que aquí no me ocurren, y que no puede ignorar Forner. ¿Valen esto los nuestros, a lo menos los Católicos?
>
> Pues en la Física, en la Historia natural y civil, en la Medicina, en la Botánica, en la Geografía, en la Náutica, en la Agricultura, en la Veterinaria, en la Cirugía, en las Matemáticas y en todas las Artes y los Oficios... ¡Ah! De esto no me atrevo a hablar: cualquier comparación que quiera hacer, ha de causarnos rubor, y risa a nuestros enemigos. Porque ¿qué tenemos nosotros? ¿Qué trae Forner que podamos oponer, no digo a la infinita muchedumbre de libros por ellos escritos sobre cada una

de esas Ciencias, sino a solas las dos Enciclopedias Francesa e Inglesa?[6]

Se podrá pensar que este párrafo es una prueba de ese «anti-españolismo que disgusta», de que hablaba Cotarelo; pero permítaseme citar un modesto dato que puede orientar al lector. En el *Apéndice a la Educación popular*, de Campomanes, en la tercera parte, se da un extracto de 78 obras sobre artes y oficios, *todas las cuales son francesas*. Estas obras, dice Campomanes, han de traducirse, pues de otro modo son inútiles a los artesanos, y es menester sobre todo dar los nombres españoles de las voces técnicas. El autor, en la Introducción, dice: «No ha sido desconocida en España esta especie de obras, cuando la nación estaba aplicada con mayor intensión a las artes.»[7] Y nombra las de Juan Arfe, Alonso Barba y el padre Acosta, don Guillermo Bowles (que era inglés), Martín de Andújar, maestro sastre de 1640, y Diego Freyle, maestro sastre de Granada en 1588. En el Suplemento incluye Campomanes un informe de don Manuel de Cerella, que estuvo aprendiendo relojería en Ginebra, y una nota sobre una familia de cerrajeros de apellido Fabre, procedente de un francés establecido en Cádiz treinta y cinco años antes. El resultado es desolador y rima bien con el párrafo citado del español de París; pero conviene hacer constar el enorme avance que suponía la conciencia de este problema y la publicación de esos 78 extractos de obras técnicas, aunque fuesen extranjeras, cuya traducción se estaba realizando. Campomanes tiene clara y modesta conciencia de ello cuando escribe:

> No basta en una nación que algunos particulares hagan sus esfuerzos para adelantar los oficios: es necesario que la instrucción y diligencia sea general y común para que toda especie de artesanos se ponga en la instrucción respectiva, que la conviene y pertenece.
>
> En Francia aún no se han publicado todos los tratados técnicos de las artes; pero la actividad de aquella nación no pierde de vista este importante ramo de la policía, y así incesantemente salen al público semejantes obras.
>
> De cada nación debemos imitar lo mejor que hace: de esa suerte *con ser meros copiantes de sus adelanta-*

6. Ibíd., pp. 16-18.
7. *Apéndice a la educación popular*, parte tercera, Madrid, 1776, p. 10.

mientos por ahora, reteniendo lo bueno que tengamos,
acomodándoles a nuestros usos, llegaremos a estar al
nivel de las demás naciones en breve tiempo, haciéndo-
nos dóciles para adoptar lo que ignoremos, o no sepa-
mos hacer tan bien, como el extranjero.[8]

El autor de las *Cartas* entra después en otro grupo de
problemas: los que se refieren a la libertad y al sentido
mismo de las apologías. Protesta de que Forner llamara
a los libros cuya lectura estaba prohibida a los españoles
«pequeño número de obras menudas», y afirma que «los
libros prohibidos componen un Índice de tres o cuatro
volúmenes en folio y son obras gruesas, no menudas».[9]
Y concluye su primera carta con una frase que pudiera
ser de Larra: «Debo, como buen español, sentir y deses-
perar.»[10]

> De las dos proposiciones que ha puesto al principio
> —escribe más adelante—, la primera que *absolutamente*
> *se debe algo y aun mucho a España*; y la segunda, *que*
> *se debe más a ella que a otra ninguna nación de Europa,*
> ¿no fuera mejor que tomara la primera, como más mo-
> desta y más libre de toda envidia?, ¿qué hubieran teni-
> do que reprehender entonces los extranjeros?, antes lo
> hubieran alabado.[11]

El autor de estas *Cartas* rechaza, por otra parte, que
se atribuya a España todo lo que en su territorio se ha
producido; hay que descartar «a los Romanos, cuyas glorias literarias ni militares no nos tocan, como diré; a los
Sarracenos o Árabes, que ni vencidos ni victoriosos han
hecho un Pueblo con nosotros».[12] Y más adelante, con mayor explicitud y rigor:

> Forner abusa de la voz de España, tomándola por el sue-
> lo, no por el Pueblo; pero con propiedad éste significa,
> no aquél... Por otra parte, la cuestión movida por
> Mr. Masson expresamente es *¿qué debe Europa a España*
> *en diez siglos?*, no desde que la poseyeran Cartagineses
> y Romanos; cuyo tiempo, aunque yo también entiendo
> que ha de tomarse indeterminadamente, como es cos-

8. Ibíd., pp. 12-14. Los subrayados son míos. Pocos textos son más representativos de la actitud de los ilustrados del siglo XVIII.
9. *Cartas de un Español residente en París...*, p. 22.
10. Ibíd., p. 28.
11. Ibíd., carta segunda, p. 50.
12. Ibíd., p. 51.

tumbre de buenos Escritores, pero no tanto que comprehenda hasta el tiempo de los Romanos: porque no siendo entonces España con propiedad Pueblo, como ni tampoco las Galias, la Italia, ni la Bretaña, el que hubiesen florecido en ella las Ciencias y las Artes no hacía ni deshacía a su propósito: así sus diez siglos precisamente han de ser desde que España es España; esto es, Pueblo independiente y *sui juris*, como hablan los Jurisconsultos.[13]

Son muchas las afirmaciones de estas *Cartas* que son más que discutibles, y cuando entran en discusiones minuciosas de cada una de las tesis de Forner o, más aún, de los defectos lingüísticos, estilísticos o de composición de la *Oración apologética*, pierden interés. Pero la posición que su autor toma frente al conjunto del problema, y que se dibuja claramente en las citas que he dado, me parece una pieza indispensable en el proceso histórico que estamos siguiendo, y en modo alguno se puede pasar por alto.

Las *Conversaciones de Perico y Marica*, que se publicaron en Madrid, sin nombre de autor, en 1788, es decir, en los últimos meses del reinado de Carlos III —hay en ellas alguna referencia directa al rey—, son un texto mediocre, bastante premioso y discursivo, pero que no carece de interés en cuanto revela ciertas actitudes que no se suelen tener presentes, sobre todo respecto a la libertad del escritor y sus riesgos. Pero hay además en ellas largas referencias a las Apologías, y concretamente, aunque sin nombrarla, a la de Forner, que añaden algo nuevo a lo que hasta ahora hemos visto.

El libro del apologista está lleno, dice Marica, «según nuestro modo de pensar, de algo más que necedades».[14] Y continúa:

Vaya, Perico, que según voy viendo, tú eres uno de aquellos soñadores que dice el autor del libro, si no te chanceas en decir que habías de hacer apologías de la nación... ¿Sabes tú por ventura de nuestra riqueza, de nuestros aumentos en todos los ramos que la producen,

13. Ibíd., carta cuarta, pp. 97-99.
14. *Conversaciones de Perico y Marica*. Obra periódica. Con licencia: en Madrid. Año de 1788. Conversación segunda, p. 104.

del estado de nuestras ciencias, de alguno en fin de nuestros adelantamientos? [15]

Este párrafo introductorio no haría esperar el camino por el cual va a entrar el autor, y que es, inesperadamente, el de la cuestión económico-social; en esto consiste la novedad de las *Conversaciones*, que tampoco suele ponerse de relieve. En efecto, Marica continúa así:

> Si a nosotros *por todas partes no nos cercan sino pobres miserables, ignorantes rancios*, quiero decir, hombres que son herederos y sucesores de una ignorancia más antigua que la más acendrada nobleza de nuestros nobles: ¿de quién quieres tú haber aprendido a fundar y hacer apologías? [16]

La insistencia en la universalidad de la pobreza e ignorancia es bien clara; hay una tradición de ambas, tan antigua como la nobleza de los nobles; el autor insinúa una división en dos porciones desiguales de la sociedad, la mayor de las cuales es la de los desposeídos; procede, sin duda, con cautela, y va diciendo las cosas poco a poco, dejando que se forme la idea completa en la mente del lector, sin que él llegue a formularla íntegramente. Así aparece otro fragmento en la respuesta de Perico:

> Las apologías, hija mía, si han de ser útiles a sus autores han de ser fundadas en cosas que no sean patentes a todo el mundo, ni aun a los naturales de la nación a la cual se apologiza; en una palabra, han de ser sofísticas por todas sus coyunturas, hasta por su mismo objeto: y si han de ser útiles y meritorias para su autor y para la nación apologizada, han de ser hechas por un extranjero que no tenga otro interés que el estímulo de la suya. [17]

Todo el razonamiento sigue en esta dirección: la inutilidad de las apologías hechas desde dentro, que más bien se destruyen a sí mismas, puesto que prueban la ignorancia de la nación; no se debe uno elogiar a sí mismo; si los ataques son falsos, se deben despreciar; hay un medio mejor de defenderse, y es «el de adquirirse una gloria mayor; una gloria que no puede de ninguna manera adquirirse por medio de las apologías».[18] La realidad no permanece oculta,

15. Ibíd., p. 104.
16. Ibíd., p. 104. Subrayado mío.
17. Ibíd., pp. 105-106.
18. Ibíd., p. 117.

y las demás naciones procuran conocer las excelencias de cada una de ellas. Y a continuación desemboca en la cuestión más importante y más nueva:

Porque no te canses, Marica, ni la medianía, ni menos de la medianía, ni todos los bienes o males de una nación abierta al comercio de las otras, pueden ocultarse. Para que sepas más: ¿piensas tú que ninguna nación culta o que quiera saberlo, ignore nuestro estado actual, hasta la infinidad de fundaciones de Obras pías, el crecido número de hospitales que hay entre nosotros?

M. ¡Jesús, calla, hombre! ¿Qué dices? ¿Son acaso malos los hospitales, son malas las Obras pías? Tú estás...

P. No, Marica; son buenas, son bonísimos como lo son las sangrías y las cantáridas para los enfermos a quienes aprovechan. No hay duda que las cantáridas y las sangrías son males para los hombres; pero como se aplican por remedio de otros mayores, llámanse remedios o bienes que es lo mismo; porque ellos haciendo favorable operación lo son: y estos bienes o remedios aplicados por necesidad, no podrán dejar en probar que está el cuerpo enfermo. Así las Obras pías y hospitales son buenos en el Estado; pero no podrán dejar de probar también *la debilidad de su poder, de su ilustración, y sobre todo de su agricultura y artes, que es su enfermedad.* Ojalá, ojalá que no hubiese necesidad de que diésemos nosotros a los extranjeros con tantas Obras pías, con tantos papeles que se publican de los socorros que se hacen, las pruebas más claras de que *no hay siquiera la medianía que se dice.* Reflexiona, Marica, sobre ello un poco y lo hallarás patente. *Los hospitales no los ocupan por lo común sino los labradores y artesanos, sus hijos y sus mujeres: no pudiera estar el Estado en una medianía sin que ellos estuvieran para su alimento en la misma medianía; y con sólo estar en ella seguramente en sus enfermedades no acudirían, como no acuden los que no están en la última miseria a los hospitales, ni a pedir y recibir socorros: luego los artesanos y labradores están pobres: así es*; pues rarísimo es el que no haya enfermado de ellos que no entrase en el hospital a curarse. Con que *si ellos están pobres ¿cómo pueden florecer las artes, la industria y la agricultura? ¿Cómo habrá el poder y la ilustración?*... Dejo de hacer otras pruebas más funestas que éstas.

Te aseguro que sólo hoy en día, haciendo cómputo por los papeles públicos de la población de una nación con otra; y del número de Obras pías, socorros que se hacen, y hospitales de cada una, calculando el número de pobladores; es bastante para saber el mejor estado de poder, de ilustración, de industria, de agricultura, en que se halla una, respecto de la otra.[19]

La conclusión se formula con particular energía. Si se dice que estamos en una medianía, ¿por qué no ir más allá? ¿Por qué contentarse con esa inferioridad respecto de otras naciones? Y si no se supera la situación, ¿de quién es la culpa? ¿A quién corresponde la responsabilidad?

> ¿La confesión de esta medianía, la sola mención que se hace en las apologías de lo que fuimos, de lo que tuvimos, no es un testimonio irrefragable de nuestro abatimiento, de lo que hemos perdido (si ha sido cierto que lo hemos tenido) y en fin de *la infamia más atroz de no recuperarlo*? *¿Quién nos lo estorba? Si no es la ignorancia, es la malicia.*[20]

Y si se trata de justificar las apologías diciendo que el pueblo es ignorante y necesita argumentos para rebatir a los extranjeros, esto es todavía peor:

> ¿Y si el Pueblo es ignorante cómo ha de florecer, cómo ha de adelantar, cómo o en qué ha adelantado? *¿Por qué es ignorante sino por su grandísima necesidad?... ¿En qué estado, pues, pueden estar los bienes de una familia cuando los ignoran los familiares, o no disfrutan de ellos? En el más deplorable.*[21]

El tema de la participación del pueblo en la riqueza económica y cultural de la nación aparece aquí con fuerza desusada, y termina el argumento con la explicación del éxito de los apologistas, aduladores del Poder, optimistas oficiales que impiden que se remedien los problemas; una vez más se anticipan en el siglo XVIII acentos que aparecerán con mayor energía y madurez en Larra:

> Son unos pequeños o escondidos Apologistas que están llenando los oídos del Monarca y de sus Ministros de ellas, con solo estas pocas palabras: *todo va bien.* Y son así el estorbo de que se remedien los males sobre que ellos hacen sus progresos: y como no fundan en razones ni en otras cosas sus secretas apologías, las fundamentan en las públicas que se hacen; y pueden persuadir

19. Ibíd., pp. 127-129. Subrayados míos.
20. Ibíd., pp. 130-131. Subrayados míos.
21. Ibíd., pp. 131-132. Subrayados míos.

así: de que ellos no engañan ni es pernicioso su *todo va bien*, cuando se fundamenta en Obras públicas aprobadas.[22]

Y termina la conversación con una nota de temor y otra de incierta esperanza, fundada esta última en Dios y el rey:

> *P.* Te lo vuelvo a repetir: mi interés sólo es cumplir con mi obligación; descubriendo errores perjudiciales a la Religión, a las Regalías de nuestro Monarca amado y al bien de sus vasallos y compatriotas nuestros: en una palabra, amando a Dios y al prójimo como debo, y obrando para ello lo que debo, quéjese quien se queje.
> *M.* ¡Descubrir errores dijiste! Nuestra persecución es cierta por más que digas: temo cuanto nos dicen los vecinos.
> *P.* Si las razones que te he manifestado no son suficientes a contenerla; no importa, que más vale morir como Sócrates que vivir con los sofistas, aduladores, y secretos y públicos Apologistas de que hemos hablado. Pero *Dios Justísimo Juez y Legislador por quien los Reyes reinan*; y nuestro Monarca que por aquel infinito poder es *hecho otro Dios en la tierra e hijo del Excelso*; y que por tanto no puede ir contra la mente de su Hacedor; nos defenderán por nuestra justa causa y loables intentos de Apologistas, sofistas y aduladores.[23]

Si se quiere comprender adecuadamente la significación de este término de las discusiones sobre críticas y apologías, al terminar el reinado de Carlos III, recuérdese que fue Floridablanca el que impulsó a Forner a escribir la *Oración apologética*, y que la última fase de su gobierno se había caracterizado por un pronunciado reaccionarismo y temor a la Ilustración que antes había favorecido —no se olvide su papel decisivo en la expulsión y disolución de la Compañía de Jesús—. Especialmente el año 1788 fue de temor constante a la agitación que ya se advertía en Francia, de afán de frenar los avances del reinado e incluso de dar marcha atrás. El esfuerzo de los últimos setenta y cinco años entra en crisis, y las apologías, lejos de ser inocente menester de eruditos más o menos celosos, se convierten en un tema apasionante: se ventila en torno de ellas la orientación de la vida nacional española en el momento en que se inicia la gran crisis europea.

22. Ibíd., pp. 133-134.
23. Ibíd., pp. 134-135.

El examen de la realidad

Hemos visto hasta ahora algunos complementos, ignorados o desatendidos, de la polémica que críticas y apologías suscitaron en el reinado de Carlos III. Pero quedaría incompleta la imagen de esta «crisis de la conciencia española», si así puede llamarse, si no se tuvieran en cuenta otros esfuerzos, no polémicos —o sólo muy remotamente—, dirigidos a lograr una idea más clara y justa de la realidad española, dentro de la más amplia y abarcadora de Europa. Como no trato de hacer obra de erudición, sino sólo de poner ante los ojos del lector los mínimos materiales que pueden hacer comprender rectamente el tema, y al mismo tiempo dar el marco adecuado para la valoración exacta del manuscrito que aquí publico, me limitaré a estudiar dos autores especialmente representativos: Juan Sempere y Guarinos y el padre Juan Andrés.

El *Ensayo de una biblioteca española de los mejores escritores del reinado de Carlos III* es más citado que utilizado. Lo publicó, en seis volúmenes, don Juan Sempere y Guarinos de 1785 a 1789. Es obra muy discreta y de excelente información. Tiene un tono sereno, moderado, un afán de ver claro, característico de las mejores mentes del siglo XVIII. Comienza con un «Discurso preliminar sobre los progresos de la literatura de los españoles en este siglo» que encierra una interpretación de la época, sus limitaciones y quebrantos, los motivos de esperanza. Después de recordar la gloria y prosperidad de España durante el reinado de los Reyes Católicos y en el siglo XVI, y el esplendor de sus Universidades y hombres de letras, escribe:

> Pero o sea que las cosas humanas nunca pueden permanecer en una misma situación, o por otras causas, cuyo conocimiento pide un examen muy prolijo; luego que esta Nación fuerte y gloriosa fue declinando de aquel alto punto de grandeza, a que la había elevado la prudencia de sus Reyes, se vio también ir eclipsando el brillo de su instrucción y literatura: de suerte que a principios de este siglo, apenas le quedaba más que una confusa memoria de lo que había sido.
>
> Yo estoy muy lejos de querer entrar en el número de aquellos que tienen por un rasgo de ingenio el criticar a su Nación, y a sus Paisanos. Mas para dar alguna idea de nuestra literatura actual, se hace preciso el saber el estado en que estaba a principios de este siglo.[1]

Sempere cita al abad de Vayrac,[2] «que es el extranjero que habla con menos precipitación y con más fundamento de nuestras cosas». Para Vayrac, los españoles tienen espíritu sublime, penetrante y muy propio para las ciencias abstractas; pero no lo cultivan con una buena educación. Lo malo es, sobre todo, cómo cultivan las disciplinas:

> En lo que toca a la Filosofía, son de tal suerte esclavos de las opiniones de los antiguos, que nada es capaz de hacerles abrazar las de los modernos; y lo mismo sucede en la Medicina. Aristóteles, Escoto y Santo Thomás son para ellos oráculos tan infalibles, que si alguno pensara en no seguir ciegamente a uno de los tres, nunca podría aspirar a ser tenido por buen Filósofo. Y si un Médico no jurara por Hipócrates, Galeno o Avicena, los enfermos que enviara al otro mundo no se creería que habían muerto con formalidad.[3]

En cambio, en poesía proceden al contrario: desprecian los preceptos de Aristóteles y Horacio, y dejan correr libremente su espíritu lleno de fuego y entusiasmo. Hay que advertir que esto le parece a Vayrac también un de-

1. Juan Sempere y Guarinos, *Ensayo de una Biblioteca española de los mejores escritores del reynado de Carlos III*, en Madrid, en la Imprenta Real, 1785, I, pp. 2-3.
2. *Etat présent de l'Espagne*, 1716. Sempere advierte que se escribió hacia 1710 y que su autor había estado diez años en España y la conocía muy bien.
3. Citado en Sempere, I, p. 4.

fecto, y así los españoles son malos filósofos y médicos por excesivo apego a los antiguos y malos poetas por no sujetarse a las reglas.

Sempere sigue los progresos realizados en todas las ramas de la cultura desde Felipe V, y más aún en el reinado de Fernando VI; la enumeración, aun hecha con modestia y sencillez, es impresionante. Sin embargo, con suma discreción y perspicacia, hace algunas reservas que conviene tener presentes:

> Por todos estos medios llegó a ver la España dentro de su seno un gran número de hombres grandes y de sabios, que daban a su Corte el esplendor de que había carecido por largo tiempo.
> Pero el gusto de una Nación no se debe medir por los sabios particulares, que, o ayudados de su singular talento, o excitados por alguna dichosa circunstancia, dirigen sus estudios con otro método que el que regularmente se acostumbra. Hasta que la educación disponga generalmente a los jóvenes a pensar bien, y a formar exactas ideas de las cosas, no se debe esperar que el buen gusto se arraigue, y sea común en ningún pueblo.
> La delicadeza suma con que los Españoles han mirado siempre los establecimientos de sus mayores, y la nimia escrupulosidad con que han seguido sus pisadas, y los usos establecidos, era un obstáculo que les hacía mirar toda innovación como peligrosa a la religión y al Estado. Aunque algunos particulares, como hemos dicho, por la lectura de buenos libros habían rectificado sus ideas, el común de la nación estaba todavía imbuido, con corta diferencia, del mismo gusto que al principio de este siglo. Como ni en las Escuelas menores ni en las Universidades se había variado el método antiguo, siendo la enseñanza la misma, debía serlo también la instrucción, y el aprovechamiento.[4]

El año 1759 —comienzo del reinado de Carlos III— «fue muy feliz para la Literatura Española». Sempere hace una larga enumeración de las medidas acertadas adoptadas por Carlos III; recuerda «el espíritu de partido que reinaba en las Escuelas» y a cuánto se exponía el que discrepaba. Era menester restablecer la libertad en los estudios y suprimir la tiranía de ciertos cuerpos literarios que acaparaban todos los honores y dignidades.

4. Sempere, I, pp. 27-28.

Carlos III —añade—, *con una resolución heroica,* que será el asunto de los mayores elogios que le formarán los que hablen de su reinado en adelante, libertó a la Nación de este yugo, reformando algunos de aquellos cuerpos, restituyendo a los grandes talentos la justa y prudente libertad, y dando ejemplo él mismo de la discreta imparcialidad con que ha premiado el mérito, sin distinción de clases, de profesiones, de estados, ni de nacimiento.

A esta grande obra han acompañado los nuevos planes de estudios que se han puesto ya en muchas Escuelas del Reino, y los que se están trabajando actualmente de orden del Consejo, por haberse quitado ya los mayores obstáculos que pudieran oponerse a su establecimiento.

El Cielo ha prosperado las intenciones de tan benéfico Monarca, concediéndole acierto en la elección de los Ministros de que más necesitaba para la ejecución de sus sabias resoluciones.

En consecuencia de éstas, *todas las Ciencias y Artes han tomado en España un nuevo semblante, y cierto gusto que acaso no han tenido hasta ahora.*[5]

Sempere se lamenta de que los extranjeros no conozcan suficientemente este mejoramiento del país; lo deplora, pero lo explica. Se refiere a la *Enciclopedia Metódica,* a las *Observaciones* de Cavanilles y a las apologías; no cree que éstas basten, ni que sean muy útiles. Él piensa que es mejor publicar una Biblioteca de los mejores escritores del reinado para poner a la vista el estado de nuestra literatura. No se le ocultan las dificultades: la que ofrece la palabra *mejores* y el resentimiento de no verse incluidos entre ellos; el descontento de los que «nunca piensan que se ha hablado bastantemente de ellos».

Por eso creo yo —agrega— que hay más dificultad en elogiar a los vivos que en criticarlos. Los elogios propios siempre parecen cortos y muy fríos, particularmente cuando no tienen algo de hiperbólicos: y los ajenos se tienen por muy exagerados y prolijos, aun cuando están hechos con la mayor moderación...

Si se hubiera de atender con todo rigor al título de la obra, acaso podría acabarse con bien pocos pliegos. Los hombres grandes, y los sabios del primer orden, en todas partes son muy pocos; y la notoriedad de su mérito hace en algún modo inútil la recomendación de sus escritos.[6]

5. Ibíd., pp. 32-34. Subrayados míos.
6. Ibíd., pp. 43-45.

Lo que Sempere pretende es demostrar que «nuestra Nación piensa ahora bien por lo general».[7] Me parece admirable la moderación y el acierto de esa expresión sencilla, tan lejos de la hipérbole como de la falsedad.

En el prólogo del tomo II hay una observación de interés. Se refiere al reproche que le han hecho de no dar detalles del lugar de nacimiento de los autores estudiados, y Sempere responde que el espíritu de paisanaje ha causado y causa grandes daños:

> Mientras una nación no llegue a consolidar en su seno el espíritu de unidad y de patriotismo, le faltan todavía muchos pasos que dar en la civilización. No es el mejor medio para extinguir la rivalidad de las Provincias, el referir por menor las patrias de sus Escritores. Antes, acaso, convendría sepultarlas en el olvido, a lo menos por cierto tiempo, y que de ningún hombre de mérito de nuestra nación se pudiera decir más que *es Español*.[8]

En el prólogo al tomo V, publicado ya en 1789, por tanto después de la obra de Forner y sus réplicas, se ocupa Sempere directamente del tema de las apologías. Antes, en el tomo II, publicado en 1785, al hablar de Cadalso, había rozado esta cuestión. Para justificar su inserción del fragmento de *Los eruditos a la violeta* referente a Montesquieu, dice Sempere:

> Como uno de los motivos que he tenido para escribir esta obra ha sido el disminuir en cuanto sea posible las falsas ideas que reinan comúnmente acerca de nuestra literatura, usos y costumbres, así entre los extranjeros como entre muchos españoles, no puedo menos de insertar aquí un pedazo de aquella Carta.[9]

Y en el tomo III, de 1786, en el artículo correspondiente a Forner, da una reseña breve —24 líneas— de la *Oración apologética*, sin crítica ni elogio, de calculada frialdad y reserva.[10] Sin duda pensaba ya lo que en 1789 expresa claramente:

> Una historia literaria de nuestra nación, en que se tratara filosóficamente de las causas de los progresos de

7. Ibíd., p. 49.
8. Ibíd., II, p. ix.
9. Ibíd., p. 24.
10. Ibíd., III, pp. 91-92.

las Letras en España, en algunos tiempos, y de su decadencia en otros; de su estado actual: de los vigorosos esfuerzos que han hecho nuestros Reyes, particularmente los de la Augusta Casa de Borbón, para desterrar la barbarie y extender la ilustración: de los obstáculos que han encontrado estos esfuerzos, y que han estorbado que fueran mayores y más rápidos entre nosotros los adelantamientos en las Ciencias y Artes: de *los ocultos y execrables medios con que se ha procurado arruinar a muchos que han trabajado por introducir en su patria el buen gusto y la juiciosa crítica: los que por el contrario han usado otros para acreditarse, y ser reputados por sabios, sin serlo*: y en fin, una historia en la cual se señalaran claramente *nuestros errores, nuestras preocupaciones, nuestras luces,* y se describiera exactamente la vida literaria de los mejores Escritores españoles, sería una obra utilísima, y al mismo tiempo instructiva, curiosa y agradable.

Entre otros buenos efectos que produciría esta historia, sería el de corregir dos errores muy comunes y dañosos: uno hijo de la ignorancia, y otro de la presunción. El primero es el de *los que creen y piensan que en España se sabe todo, y que en materia de literatura para nada necesitamos los libros de los extranjeros: error tan perjudicial como ridículo.* Perjudicial, porque quien cree que lo sabe todo es un ignorante, y no puede dejar de serlo mientras no mude de opinión. Ridículo: porque ¿qué mayor ridiculez puede haber que el despreciar a los extranjeros, cuando en nuestras Universidades, Colegios y demás escuelas públicas, casi no se estudian otros libros que los suyos, ni se predican otros sermones, ni se leen otras obras, o bien sean de piedad y devoción, o de diversión y entretenimiento? ¿Son Españoles Goudin, Roselli, Jacquier, Billaurt, Gotti, Berti, Vinio, Vallensis, Selvagio, Cullen, Señeri, Bourdalue, Massillon, Flechier, Croiset, &c?

El otro error es de *los que creen que no hemos adelantado nada: error no tan general, y propio de los que se tienen, y quieren ser reputados por críticos, a poca costa, y sin más trabajo que el de ir contra la corriente.* El mismo efecto que produce en los primeros la ignorancia, engendra en éstos la arrogancia y presunción, esto es, la indocilidad, y la poca aplicación a la lectura, de donde resulta, por una parte *el desaliento en los que los oyen*; y por otra, que dominados del deseo de singularizarse y distinguirse, no pudiendo hacerlo ni por la superioridad de su talento, ni por el trabajo de la continua lectura y meditación que se requiere para ser verdaderamente sabios, lo hacen adoptando máximas, proyectos y pensamientos extravagantes e impracticables, contrarios a nuestro gobierno, usos y costumbres, cuya propagación, llamada malamente ilustración y filosofía, puede causar más daños que la ignorancia misma.

Pero semejante historia literaria, si se ha de escribir como corresponde, es no solamente muy difícil, por el trabajo de buscar y coordinar los materiales necesarios, sino *mucho más por el riesgo de chocar contra ciertas gentes, que tienen demasiado influjo en la opinión pública*, y en el crédito y conveniencias de los particulares.[11]

Sempere se lamenta de la falta de información sobre los autores españoles, de la carencia de periódicos, diccionarios, bibliotecas en que se expongan sus producciones. «Sátiras injuriosas, libelos infamatorios contra los sujetos más beneméritos de la literatura, no nos faltan. Pero de elogios de nuestros sabios, de noticias de sus vidas, de extractos de sus obras y de reflexiones sobre sus adelantamientos y bellezas, estamos ciertamente muy escasos.»[12] Y se duele de que sus esfuerzos por escribir esta obra no hayan sido debidamente apreciados:

Y a mí... que he cuidado infinito de guardar el decoro debido a la nación, y a los particulares de quienes hablo; cuando en otros Reinos ha sido sumamente celebrada; cuando por ella y por otras obras se me ha colmado de elogios; en mi país ha sido aplaudida de bien pocos, despreciada de algunos, y yo insultado con los más bajos dicterios.[13]

Sabía que se exponía a disgustar a muchos, ya que hablaba de escritores vivos; si hubiera hecho «elogios desmedidos y pomposos» se hubiera libertado de esa rabia; pero esto no es posible si es veraz: Sempere tiene clara conciencia de la modestia de la obra intelectual que expone, de la que, sin embargo, significa un adelanto y una esperanza:

Alabo tibiamente por lo general, porque hay pocos grandes sabios y escritores en España: y si llamo a los sujetos contenidos en ella *mejores*, ya he explicado en otra parte el sentido que doy a esta palabra relativa a

11. Ibíd., V, pp. 1-4. Subrayados míos.
12. Ibíd., pp. 5-6.
13. Ibíd., pp. 6-7.

lo que añado ahora, que escribo en España, y que si escribiera en otra parte, ni en la clase de *buenos*, ni de *medianos* colocara a muchos de ellos.[14]

Frente a las hipérboles de los apologistas, con tanta repugnancia frente a ellas como frente a los negadores de todo progreso y de toda realidad intelectual española, el discreto Sempere y Guarinos muestra lo que hay, con una esperanza que, en 1789, al acabar su obra, es sin duda mucho más inquieta que cuando la empezó en 1785: estamos en el reinado de Carlos IV; en Francia ha comenzado la Revolución; una nube negra pasa sobre la incipiente Ilustración española.

Algunos de los textos que he citado anteriormente, sobre todo los anónimos —las *Cartas de un español residente en París*, las *Conversaciones de Perico y Marica*—, podrían atribuirse a hombres influidos por los enciclopedistas franceses, en algún sentido al menos despegados de España, excesivamente críticos de ella, por discrepancias con su estructura político-religiosa; se ha tratado de insinuar —o se ha dicho con todas sus letras— que el europeísmo, el amor a las luces, la crítica de las limitaciones impuestas al pensamiento y a su expresión en España, la superior valoración de la ciencia de otros países sobre la nuestra, eran indicios de revolucionarismo, de heterodoxia o de las dos cosas juntas. Creo que esta interesada interpretación es insostenible, y que cuanta mayor información sobre el siglo XVIII se acumula, más evidente resulta su falsedad. Aquí sólo quiero recoger el testimonio de un hombre que sin duda no era ni un revolucionario ni un heterodoxo, sino todo lo contrario: el P. Andrés.

El P. Juan Andrés (1740-1817), poco más viejo que Cadalso y Jovellanos, era un jesuita. Como tal, siguió en su destierro a sus hermanos de Orden cuando la Compañía de Jesús fue expulsada de España en 1767. Es sabida la desconsideración y dureza con que los jesuitas fueron hechos salir de sus casas, conducidos a los puertos y embarcados; es menos sabida la increíble crueldad con que fueron rechazados en los Estados pontificios, amenaza-

14. Ibíd., p. 9.

dos los barcos hasta con la artillería de costa si pretendían desembarcar, ya que Roma no quería cargar con los jesuitas expulsos y admitirlos como refugiados, para que gravitaran sobre la economía del Estado, y cómo permanecieron en los barcos o en los presidios de Córcega durante meses, hacinados, casi hambrientos, mientras morían muchos, especialmente los viejos y enfermos, y cómo sólo al cabo de largo tiempo fueron admitidos en Italia, y el gobierno de Carlos III decidió pagar un escaso estipendio de cuatro reales diarios para ayudar a su manutención. En *Los Españoles* he citado una ejemplar, sobria —casi telegráfica— carta del P. Isla a su cuñado, que prueba tanto su profunda piedad como la impiedad con que él y sus compañeros fueron tratados por unos y por otros; permítaseme reproducir aquí, con algunos subrayados, un par de fragmentos, pues su brevedad ahorra muchas palabras:

Amado hermano y amigo: Desde España a Citavechia; desde Citavechia (puerto pontificio), con sólo un día de detención, a la rada de Orbitelo, que pertenece al rey de Nápoles; desde Orbitelo (con el descanso de dos días) al puerto de San Fiorenzo, en la isla de Córcega; desde San Fiorenzo (donde nos mantuvimos *a bordo tres semanas*) al puerto y presidio de Calvi, en la misma isla; desde Calvi (después de *quince meses* de mansión) de repente al puerto de Jénova; desde el puerto de Jénova (*anclados* en él por espacio de *nueve días*) al *lazareto* de la misma ciudad, donde nos alojamos al pie de *mil trescientos* hombres; desde el lazareto (donde estuvimos *encerrados dos semanas*) a Sestri de Levante (con el descanso de nueve días) unos por tierra y otros por mar, al Boloñés. Yo escogí entre otros muchos este segundo partido, que nos salió el menos penoso y costoso; y desde Sestri pasé embarcado a Liorna, donde descansé tres días, y tomando la ruta con el destacamento que mandaba por Pisa y por Florencia, llegamos a Bolonia... En todos estos giros y regiros se han padecido los trabajos que se dejan considerar; pero, gracias al Señor, he tenido salud, he tenido fuerzas, he tenido constancia y aun he tenido singularísimo consuelo. Sólo me ha faltado el dinero, porque el poco que me dieron de limosna al salir de España, se acabó con los indispensables y extraordinarios gastos que ha sido preciso hacer en tantas marchas y contramarchas, sin más recurso que a nuestro limitado sueldo, el cual

apenas alcanza para pagar el simple cubierto y una es-
casísima y pobrísima comida.[15]

Los jesuitas españoles en Italia hicieron una vida de
estudio, por lo general admirable; guardaron tanta fidelidad a la Iglesia como a su país, a pesar de las amargu-
ras y decepciones que sobre ellos llovieron; [16] y su actitud
hace pensar que había no poca diferencia entre lo que la
Compañía como tal y en su conjunto había significado en
España en los años anteriores, y lo que era la auténtica
posición de sus miembros; no se olvide que la estructura
jerárquica y la rígida obediencia de una corporación puede hacer que su figura pública y su misma acción colectiva estén a gran distancia de lo que la intimidad de los
hombres individuales que la componen encierra; por tanto, de lo que esa misma corporación hubiera podido ser,
dirigida por otras personas o con otros principios.

El P. Juan Andrés compuso en Italia, y en italiano,
una extensísima obra, que fue traducida por su hermano
Carlos y publicada en España de 1784 a 1806: *Origen,
progresos y estado actual de toda la literatura*. Este libro, menos leído y mucho menos estimado de lo que
merece, contiene algunas apreciaciones que completan el
cuadro que estoy tratando de presentar. El capítulo XV
está dedicado a la «Literatura del siglo XVIII»; allí bos-
queja el P. Andrés el estado de la cultura europea desde
comienzos del siglo, con una valoración inequívoca de ella:

> No podía ser más noble, ni más feliz para la literatura
> la entrada del siglo XVIII. Ilustraba la Inglaterra el gran
> Newton, junto con un Flamsteed, un Halley y otros sa-
> bios de primer orden. Cassini era en Francia el alma
> de la Academia de las Ciencias, y ayudado de Moraldi,
> de la Hire y de otros compañeros daba movimiento y
> calor a todas cuantas empresas se promovían a favor
> de las ciencias; al mismo tiempo Hopital y Varignon
> hacían partícipe a su nación de las preciosidades del
> nuevo cálculo nacido en otras Provincias; y Tournefort
> le abría los tesoros de la naturaleza haciéndola conocer
> nuevas plantas y nuevos portentos de las producciones
> naturales. La Alemania estaba ufana, alegre y gloriosa

15. Carta escrita en Crespelano y palacio del senador Grassi, a tres leguas de Bolonia, en 17 de diciembre de 1768, a su hermano. *Obras escogidas
del P. José Francisco de Isla*, Rivadeneyra, Madrid, 1850, p. 522.
16. Véanse las cartas siguientes y también la biografía de Isla por Mon-
lau, en la misma edición de la BAE.

coronándose de los laureles que por toda Europa adqui-
rían Leibniz, los Bernoullis, Stahl, Hoffmann y otros
muchos... Toda Europa daba agradable acogida a la crítica, a la filosofía y al nuevo método y exactitud en
las ciencias; y por todas partes se veían ingenios felices, que les comunicaban nuevo lustre y esplendor...
Mas para formar la verdadera idea del estado de las
artes y de las ciencias en el presente siglo no debe fijar-
se la vista en aquel glorioso principio, siendo así que
la mayor parte de los hombres grandes, que con tanto lustre la hacían resplandecer, pertenecen con más
razón al siglo precedente que los había formado, que
a éste que les vio ya en su ocaso; y por consiguiente
se ha de atender a los progresos del siglo, y tomar la
verdadera idea de los otros escritores más modernos,
para formar el justo carácter de la presente literatura.[17]

El P. Andrés considera los comienzos del XVIII como
una época de extraordinario esplendor; pero ¿y después? La opinión dominante entre los apologistas era que
los autores representativos del XVIII eran unos impíos
sin ningún valor; recuérdese el punto de vista de Forner;
veamos cómo reacciona a este tema un religioso español.
Lo trata bajo un epígrafe que dice expresamente: «Partidos contrarios acerca del mérito literario del siglo XVIII»;
y dice así:

El amor a la religión y el espíritu de libertinaje han
contribuido a crear dos partidos, que ciegamente combaten sobre el verdadero mérito de la literatura de
nuestro siglo. Los libertinos, viendo asaltada por muchos escritores la religión, cuya ruina desean, quieren
lisonjearse de que esto antes sea efecto de la ilustración
de la mente, que de la corrupción del corazón, y creen
haber vencido sólo con burlarse de la ceguedad de los
tiempos pasados, y levantar hasta las estrellas las luces
del presente: los espíritus religiosos temen al contrario
hacer un agravio a la religión si dan la menor muestra
de apreciar la sabiduría de un siglo, que ha producido
tantos autores que la combaten. Yo venero profundamente la religión, y este respeto engendra en mi ánimo
tal horror a los escritos nocivos que la contrastan, que
no puedo mirar sin indignación los miserables presuntuosos, que estando faltos de ingenio y erudición se ven-

17. *Origen, progresos y estado actual de toda la literatura.* Obra escrita
en italiano por el abate don Juan Andrés, individuo de las Reales Academias
Florentina y de las Ciencias y Buenas Letras de Mantua. Traducida al castellano, por don Carlos Andrés, etc. 10 volúmenes. Madrid, 1784-1806, II, pp.
349-352.

den por filósofos, y se creen bastante doctos despreciando lo que debieran respetar; y me mueven a compasión los escritores doctos, que pudiendo emplearse con mucha utilidad en la ilustración de las ciencias, han querido abusar perjudicialmente del tiempo y de su doctrina haciéndola servir para un fin tan dañoso. *Pero considerando la religión y las letras como dos cosas distintas en un todo, veo que puede un filósofo estar abandonado de Dios según los deseos de su corazón, y tener sin embargo sutil ingenio y fino discernimiento, y pensar justa y verdaderamente en las materias literarias.* Si no pueden adquirirse tales prendas sin menoscabo de la religión, preferiré ciertamente una pía ignorancia al más exquisito saber; pero si la erudición y el ingenio pueden separarse del libertinaje e irreligión, y unirse con la piedad, como efectivamente vemos que sucede con frecuencia, *no comprehendo por qué no se pueda, y por mejor decir, no se deba desear el fino gusto de Voltaire, la elocuencia de Rousseau y la erudición de Fréret, antes que los talentos medianos de gran parte de sus contrarios.* Y así bien podremos hablar con desprecio de la ligereza, superficialidad e ignorancia de muchos escritores de este siglo, sin incurrir por ello en la tacha de ciegos y supersticiosos: *y no temeremos ofender a la religión alabando las luces de otros muchos en puntos literarios, cuando lloramos sus errores en materia de religión.* A más que *el espíritu de irreligión no es tan común a todos los hombres doctos de este siglo, que deba parecer identificado con la presente literatura*, y que no puedan dividirse los elogios de ésta con las alabanzas de aquél. Por lo cual *dejando aparte los motivos de religión, y toda sombra de espíritu de partido*, pasemos a examinar cuál sea en realidad el mérito literario de este siglo, y consideremos con ánimo imparcial si debe mirarse esta época como de lustre y honor para literatura, o bien como de depravación y corrompimiento.[18]

El P. Andrés entra en el tema con extraña pulcritud y no menos buen sentido. Recuerda que Rousseau, viendo la multitud de obras deleznables y efímeras que se publican, «llega a pronosticar que excepto los escritos de dos o tres, todos los demás millares de obras que salen cada día a luz, acabarán con el siglo»; Andrés no es tan pesimista: el gusto de la arquitectura no se juzga por las pequeñas casas, sino por los grandes templos, palacios

18. Ibíd., pp. 352-355. Los subrayados son míos.

magníficos, etc.; el mérito de la literatura de otras épocas, sólo por las obras importantes; «y la inmensa multitud de escritos escolásticos, que ahora se entregan a las llamas, prueba muy bien que en los siglos llamados bárbaros, no menos que en los posteriores más cultos, el deseo de ser autores dominaba el espíritu de cuantos se dedicaban a algún estudio».[19] Por cierto, repárese en que es un jesuita quien subraya la grafomanía de los escolásticos y el nulo valor de la mayor parte de sus escritos. ¿Cuál es entonces el juicio que el siglo XVIII merece al P. Andrés?

> *Yo creo que no se puede negar que el presente siglo es más estéril de sublimes ingenios que el antecedente; que no se ven salir a luz con tanta frecuencia aquellas grandes obras* de elocuencia y de poesía, aquellos libros clásicos y magistrales en todas facultades, que entonces presentaban a la literatura los Petavios, los Newtones, los Bossuets, los Molières, los Racines y tantos otros excelentes escritores; y que no se pueden contar aquellos gloriosos descubrimientos con que Galileo, Torricelli, Boyle, Hugenio y Cassini enriquecieron todas las ciencias; lo que ciertamente podrá disminuir mucho los excesivos elogios con que los apasionados a este siglo quieren alabar la actual literatura. Pero, sin embargo, no dudo afirmar libremente, que *este siglo*, aun sin el honor de tantos hombres ilustres, y de invenciones tan ruidosas, *merece con razón los títulos que se le suelen dar de siglo ilustrado y siglo filosófico*.[20]

Es bastante sorprendente, en un hombre que estima el siglo XVIII y no lo rechaza, tan clara preferencia por el XVII, esta inequívoca convicción de que el siglo verdaderamente creador fue el anterior; lo regular fue que los que no se encontraban desterrados en un siglo «impío» se sintieran llenos de orgullo y en la cima de la historia. El P. Andrés titula su siguiente apartado «Siglo XVIII dicho con razón siglo iluminado», y lo explica de este modo:

> En efecto, ¿no podrá llamarse propiamente iluminado aquel siglo, en que las luces de la ciencia se han esparcido universalmente por toda Europa, penetrando las obscuras y remotas Provincias, que hasta ahora se hallaban envueltas en las más densas tinieblas, y cuan-

19. Ibíd., pp. 356-357.
20. Ibíd., pp. 357-358.

do las naciones, dominadas antes por la rusticidad y barbarie, reconocen por sus soberanas a las Musas?... En el siglo pasado se establecía el buen gusto en algunas naciones, y en otras se corrompía: y *las luces de las ciencias severas, que gozaron entonces de su mayor esplendor, no pudieron desterrar de las escuelas las tinieblas, ni bastaron a iluminar las dos extremidades de Europa, esto es, el Septentrión y el Mediodía. Únicamente en este siglo se ha hecho del todo universal la cultura*: en este siglo han desterrado todas las escuelas las sutilezas peripatéticas, y han introducido los estudios sólidos y útiles y sólo en este siglo ha llegado a dominar en todas las provincias de la civilizada Europa el buen gusto en las letras humanas y en las ciencias.[21]

El P. Andrés insiste muy particularmente en el florecimiento intelectual de Rusia, con mención concreta de muchos escritores de este país, y también de Escandinavia y Polonia. Y agrega:

Por la otra extremidad de Europa, España tenaz sostenedora de las sutilezas escolásticas las ha desterrado ya de sus escuelas, y se ha aplicado sabiamente a conocimientos más útiles. Feijoo, Juan, Ulloa, Ortega y otros físicos, matemáticos y naturalistas; Luzán, Montiano y Mayans ilustradores de la lengua, de la retórica, de la poesía y del teatro; Martí, Flores, Finestres, los dos Mayans, Pérez Bayer, los dos Mohedanos y otros anticuarios y eruditos de todas especies dan una clara prueba del ardor que anima a España en los buenos estudios.[22]

Andrés sigue pasando revista a los diversos países, acumulando nombres de autores científicos y literarios: Alemania, Holanda, que en este siglo «se ha visto maestra de toda Europa en la física y en la medicina»; Inglaterra, Italia; Francia, aunque después del siglo de Luis XIV pudo lamentarse de una decadencia, «no puede negar que ahora se ha hecho más universal la perspicacia de la crítica, la abundancia de los conocimientos y la finura del gusto en todas las materias»; el del pueblo ateniense no sería superior al de París. Y la «exorbitante abundancia» de libros, que algunos censuran como un vicio, ha hecho «más general la pulidez y la cultura, y ha dispensado aun

21. Ibíd., pp. 358-360. Subrayados míos.
22. Ibíd., pp. 361-362.

a las mujeres y a las personas de la ínfima plebe aquellas luces, que antes únicamente se distribuían con escasez entre las personas cultas». El P. Andrés elogia la influencia de los escritos «amenos y elegantes» de los autores ilustrados, que han hecho agradables los estudios. Y la cultura ha llegado «hasta las extremidades de Asia y de América».

> Ahora, pues —concluye—, si este siglo ha visto nacer los primeros renuevos de la literatura en algunas naciones, que en todos los antecedentes habían estado incultas, y en la mayor esterilidad; si en otras ha introducido el buen gusto de las letras humanas, y en otras lo ha restablecido; si de todas ha desterrado la barbarie de la escolástica, y a todas ha hecho gustar de la dulzura de los buenos estudios; y finalmente si en todas las naciones ha hecho más comunes y más universales las luces de la cultura, ¿no podremos con razón llamarlo siglo ilustrado? [23]

Con igual penetración examina el P. Andrés el otro carácter con que el siglo se presenta: «El siglo XVIII, siglo filosófico.» Cree que se le puede dar justamente ese título, ya sea por excelencia o por mofa. D'Alembert no opinaba así. El P. Andrés considera por una parte «el furioso deseo de tantos presuntuosos de querer parecer filósofos», despreciando la religión, la autoridad, los preceptos y leyes; y por otra parte «aquel espíritu filosófico que merece alabanza». Hay en los escritos un orden más justo y un método más exacto, se abandona la confusión de las palabras; se examinan rigurosamente las cosas; no se disputa inútilmente de cuestiones rancias, sino que «se va más directamente en busca de la verdad, aun cuando no es posible encontrarla»; en lugar de teatros de disputas, contiendas y gritos, hay ahora observatorios astronómicos, gabinetes de física, laboratorios químicos, jardines botánicos, teatros anatómicos, museos de antigüedades y de historia natural. En esta enumeración está todo el siglo XVIII. Hasta en los púlpitos no se pueden sufrir las cosas que antes: «se desea una enérgica y cristiana elocuencia; un ajustado y rigoroso razonamiento; en suma se desea filosofía». «La filosofía en todo quiere mezclarse»; y concluye:

23. Ibíd., pp. 365-366.

Las artes y los oficios, la agricultura y el comercio, la política y la economía, las virtudes y los vicios, la vida civil y la monástica, la religión y las costumbres, todo en suma se sujeta a la férula filosófica, todo se quiere lleno de espíritu filosófico, y todo se desea que esté regulado por la filosofía. Y así me parece que en cualquier sentido que se quiera tomar el título de *filosófico* conviene al presente siglo más que a ningún otro.[24]

El P. Andrés dibuja con extraordinaria precisión la figura de una *vigencia*, o si se quiere de un sistema de vigencias. Tiene conciencia clara de que el siglo XVII fue más inventivo, más creador, más original que el XVIII; pero en éste lo que antes era sólo creación individual, invención esporádica, descubrimiento, pretensión insegura de algunos, se convierte en realidad colectiva, en presión social, en estimación consolidada y con la cual se puede contar —y hay que contar—. No se trata ya de cierto número de hombres individuales, que en el siglo XVII alcanzaron las cimas de la filosofía y de la ciencia; se trata de las *sociedades*, y en principio todas, al menos todas las de Europa (e incluso las que en América y Asia están bajo su influencia).

Por eso, después de enumerar los enormes adelantos de las diversas ciencias durante el siglo que se acerca a su fin, concluye que «en este siglo se ha adelantado mucho en el descubrimiento de la verdad, y se han puesto todas las ciencias en *un estado de estabilidad y consistencia*, del que todavía no gozaban en el pasado».[25]

Y cuando considera los dos siglos juntos, es decir, la plena modernidad, este jesuita español llega a la exaltación y el entusiasmo. Conviene recordar que es un religioso —y español por añadidura—, si bien desligado de las presiones de su Orden, disuelta, y apartado de su sociedad española, trasladado a otro medio social, el que escribe estas palabras:

Todas las ciencias en suma se ven ahora tratadas con más conocimiento, sutileza y solidez, todas han adquirido en pocos años mayores luces de los europeos, de las que habían podido obtener en tantos siglos de todas las más estudiosas y cultas naciones. El ingenio humano, que por tanto tiempo había estado entorpecido y

24. Ibíd., p. 369.
25. Ibíd., p. 386. Subrayado mío.

ocioso, parece que ahora haya querido reparar las pérdidas de su pasada ociosidad, y se haya apresurado a recompensar en breves años los largos siglos consumidos en una vergonzosa y deplorable inercia: y no será fácil decidir si debe causar más admiración el ver al espíritu humano yacer por tantos siglos en un ocioso sopor, o el observarlo después, despierto apenas del profundo letargo, hacer en pocos años tan maravillosos progresos. Ciertamente dan honor a la humanidad un Galileo, un Cassini, un Cartesio, un Leibniz, un Newton, un Boerhave, un Morgagni, un Haller, un Linneo, y tantos otros hombres grandes, y por decirlo así sobrenaturales, que puede contar como dados a las ciencias en el breve transcurso de dos siglos; y la inmensa provisión de tantas máquinas, y de tantos instrumentos quirúrgicos, anatómicos, químicos, físicos y astronómicos, fabricados en estos dos siglos; y la continua y no interrumpida serie de tantos y tan ruidosos descubrimientos hechos en estos tiempos en todas las ciencias, prueban un vigor y una feracidad del espíritu humano, que de algún modo lo elevan a participar del divino.[26]

Estamos en el reverso de la *Oración apologética* de Forner; lo que en éste era desprecio por la filosofía y la ciencia moderna, es en el P. Andrés admiración, entusiasmo, religiosa gratitud y veneración. En lugar de hacer ascos frente a aquello de que se carece, o aspavientos ante lo que se considera «impiedad», el jesuita P. Andrés, convertido por las fuerzas extremistas del siglo —convergentes, como tantas veces—, por la incredulidad y la reacción, en «el abate Don Juan Andrés», no está lejos de sentir que esos ascos y esos aspavientos son, ellos, impíos, y sobre todo gestos despechados que hacen la torpeza o la ignorancia.

26. Ibíd., VII, pp. 26-27.

España sola o España en Europa

La cuestión de la realidad de España, de su estado interno, su valor intelectual y literario, se había ligado siempre a la de su comunicación con el exterior, su puesto en Europa, su manera de estar «implantada» en ella o bien aislada y vuelta de espaldas. La decadencia del siglo XVII se había presentado unida al aislamiento; desde el comienzo del siglo XVI, y aun algo antes, hasta los primeros decenios del XVII, España está en todas partes; después, sigue estando, gracias a sus enormes dominios, pero sin querer, a regañadientes, desentendiéndose de un mundo que le parece equivocado y loco —*Locuras de Europa* es el significativo título del famoso diálogo de Saavedra Fajardo—. España se va cerrando sobre sí misma, en un proceso que culminará en Carlos II y sólo muy lentamente se irá invirtiendo a lo largo del siglo XVIII. Valera y Ortega emplearon casi la misma imagen para describir esa situación: la «muralla de la China» de que se rodeó España en el siglo XVII, según Valera, corresponde a la «tibetanización» de España en tiempo de Felipe IV, de que Ortega habló. Conviene recordar un agudísimo texto de Ortega, en que deslinda las distintas influencias sobre España de la Contrarreforma —a la cual es tradición atribuir el aislamiento español— y de la tendencia interna a la hermetización, una dolencia social de nuestro país, que se manifiesta de otros muchos modos y en diversas ocasiones. En un apéndice a *La idea de principio en Leibniz*, Ortega escribió lo siguiente:

La Contrarreforma fue el ajuste de los tornillos flojos en el alma europea que obligó a que las gentes todas —por tanto unos y otros— tomasen contacto con su recóndita autenticidad. Una de las cosas más esclarecedoras de ambos movimientos es el estudio de los retroefectos que la Contrarreforma produjo sobre el propio Protestantismo. Sin aquélla, éste se hubiera disipado y perdido en absoluta dispersión de las personas y las doctrinas. Otra prueba de lo mismo es observar dónde y en qué dosis causó daño la Contrarreforma. Porque entonces vemos que donde fue nociva no lo fue por ella misma, sino por su coincidencia con algún otro vicio nacional. Causó, en efecto, algún daño en Italia, donde aún quedaban unos restos, muy pocos, de energía creadora en la ciencia y la técnica. El arte italiano estaba ya de suyo moribundo y la política envilecida. Donde sí causó daño definitivo la Contrarreforma fue precisamente en el pueblo que la emprendió y dirigió, es decir, en España. Pero sería, sobre injusticia, incomprensión hacer culpable del daño a aquélla, puesto que en otros países, por ejemplo, en Francia, no sólo no causó avería, sino que hizo posible la gran época de esta nación. Que en España originase un menoscabo del que no hemos vuelto a restablecernos, se debió a la articulación de lo que fue la virtud y la grande operación de la Contrarreforma —a saber, aprontar una rigorosa regimentación de las mentes y, en este sentido, una disciplina que contenía a éstas dentro de sí mismas impidiendo que se convirtiesen en un edificio compuesto nada más que de puertas y ventanas— con una enfermedad terrible que se produjo en nuestro país coincidiendo, de modo sorprendente, con la cronología del Concilio de Trento, órgano de aquélla. Esta enfermedad fue la hermetización de nuestro pueblo hacia y frente al resto del mundo, fenómeno que no se refiere especialmente a la religión ni a la teología ni a las ideas, sino a la totalidad de la vida, que tiene, por lo mismo, un origen ajeno por completo a las cuestiones eclesiásticas y que fue la verdadera causa de que perdiésemos nuestro Imperio. Yo le llamo la «tibetanización» de España. El proceso agudo de ésta acontece entre 1600 y 1650. El efecto fue desastroso, fatal. España era el único país que no sólo no necesitaba Contrarreforma, sino que ésta le sobraba. En España no había habido de verdad Renacimiento ni, por tanto, subversión. Renacimiento no consiste en imitar a Petrarca, a Ariosto o a Tasso, sino, más bien, en serlos.

Y en nota agrega Ortega un breve esquema conceptual de ese fenómeno que llama «tibetanización», tomado en general, por tanto, dentro de Europa, aunque con una referencia específica al caso de España. Dice así:

En esquema se trata de esto: en torno a 1600 las naciones europeas han llegado a un primer estadio en su formación diferencial que las hace por vez primera sentirse las unas distintas de las otras. Esto causó, también por primera vez en la historia de Occidente, una tendencia en cada nación a obliterarse, síntoma característico en lo colectivo como en la individual y hasta en lo meramente zoológico, de aproximarse la adultez. Ahora bien, esta obliteración que no es sino una «concentración hacia dentro» de la atención y las fuerzas colectivas, tomó en cada nación europea un carácter diferente que puede con suficiente precisión formularse. El que en España predominó fue de radical hermetización hacia lo exterior, inclusive hacia la periferia de la misma España, es decir, sus colonias y su imperio. Ésta fue la verdadera causa de que el Imperio se arruinase. Todas las demás son, en comparación, secundarias. He aquí el triste mecanismo que llamo la «tibetanización» de España.[1]

Hemos visto hasta qué punto esta tibetanización se había corregido en el siglo XVIII, pero no por igual, quiero decir no en todas las zonas de la sociedad, ni siquiera en todas las mentes de los escritores e intelectuales. El reverso de la «tibetanización», y desde muy pronto, es Feijoo, figura tan limitada intelectualmente como admirable por su actitud moral —se entiende, de moral intelectual, muy superior a sus «dotes»—, y que merece un estudio más a fondo que los pocos y no muy hondos que hasta ahora se le han dedicado. Después hemos visto hasta qué punto está clarividentemente vuelto a Europa Cadalso —y no digamos Jovellanos—, y también Iriarte, el P. Andrés y tantos más; pero no faltan resistencias: Forner es un caso de tibetanización *voluntaria* —es decir, inauténtica y en el fondo de mala fe—. No digamos si se trata de los que «manejan» ideas sin tener que ver con ellas, sin sentirse siquiera rozados por lo que una idea de verdad es —gran plaga española de muchos tiempos—. Pero quiero recordar que, además de la correc-

1. J. Ortega y Gasset, *Obras completas*, VIII, pp. 355-356.

ción «difusa» —si vale la expresión— del aislamiento, quiero decir de la penetración lenta, ocasional y fragmentaria de ideas europeas, hasta alcanzar una densidad considerable, hubo en el siglo XVIII algunos intentos de «puesta a nivel», que se proponían temáticamente informar a los españoles no ya de tal o cual autor o cuestión individual, sino del *estado* de las letras y el pensamiento en Francia, que entonces valía como ejemplo y concentración de todo lo que se hacía en Europa. Ya antes de la época de que me estoy ocupando, justo al mediar el siglo, Ignacio de Luzán, que había residido tres años en París como secretario de la Embajada española, publicó unas *Memorias literarias de París*,[2] llenas de entusiasmo por la cultura francesa de su tiempo, y más aún por la comunicación de unos pueblos con otros, pero abundantes también en reservas críticas y en distinciones acerca de la calidad de las producciones que comenta. «Las Ciencias y las Artes —escribe— tocan hoy a su perfección: mil descubrimientos, mil inventos, mil máquinas, mil nuevos métodos allanan todas las dificultades y facilitan los estudios: en todas partes, en todas lenguas se habla, se escribe científicamente: el templo de la sabiduría es ya accesible a todos... Todo alienta, todo influye, todo se comunica.»[3]

Por cierto, al comentar esta obra hace Menéndez Pelayo una observación de pasada, que resulta reveladora de una actitud; dice así: «Luzán contribuyó más que otro alguno a lanzar a la literatura española en la general corriente europea, lo cual en cierto modo era inevitable, dada la mísera postración de nuestras letras y el empobrecimiento cada día mayor del espíritu nacional.»[4] El *supuesto* de este comentario es que si nuestras letras hubiesen estado en situación de esplendor, y el espíritu nacional pujante y rico, no hubiese entrado España en «la general corriente europea», es decir, se hubiera podido bastar a sí misma; y la postración y empobrecimiento le parecen explicar esa entrada de España en Europa; más bien se pensaría lo contrario: que el aislamiento era causa de decadencia, y a la vez consecuencia de falta de alien-

---

2. *Memorias literarias de París: actual estado y méthodo de sus estudios*, por don Ignacio de Luzán, Madrid, 1751. Véase sobre este libro Menéndez Pelayo, *Historia de las ideas estéticas en España* (Edición Nacional, 1940), III, pp. 238-243. Véase también R. Herr, op. cit., p. 80.
3. Citado por Menéndez Pelayo, ibíd., p. 238.
4. Ibíd., p. 243.

to interior, y que esta europeización era síntoma de nueva vitalidad, curiosidad y relativa recuperación del tono y los bríos.

Pero el libro que más me interesa, por ser de la época que estoy estudiando, es otro, que Menéndez Pelayo despacha en una nota[5] y del cual Richard Herr da mayor cuenta.[6] Se trata de diez cartas publicadas en volumen por don Pedro de Luxán, Duque de Almodóvar, que había de traducir —con muchos cambios e incompleto— a Raynal, con un seudónimo; es la *Década epistolar sobre el estado de las letras en Francia*, por don Francisco María de Silva.[7] El Duque de Almodóvar había viajado por Italia, Prusia, Inglaterra y Francia, y después había sido embajador de España en Rusia, Portugal e Inglaterra; pertenecía a la aristocracia ilustrada, sentía admiración por las letras francesas y, en general, europeas, pero no sin distinciones; para este libro se sirvió ampliamente de *Les trois siècles de la littérature françoise*, del Abbé Sabatier, a quien en parte traduce, y así lo declara; pero muchas observaciones del duque tienen considerable interés.

Sempere y Guarinos comentó su obra en su *Ensayo*, en estos términos, que muestran hasta qué punto se la interpretó como una voz más dentro del concierto —o mejor, desconcierto— de críticos y apologistas:

> Una obra de esta clase era muy necesaria en España, particularmente en nuestro tiempo. *Lo poco que han viajado los Españoles hasta ahora, y lo poco que leen*, particularmente en punto de historia literaria, había hecho creer a muchos, que así como ninguna nación ha llegado al poder que tuvo en algún tiempo la Española, tampoco ha habido ninguna que la haya igualado en la literatura. Si esta opinión se limitara a cierto tiempo, acaso pudiera sostenerse. Pero *muchos no quieren acabar de persuadirse que se puede saber más en*

5. Ibíd., p. 234. Dice así: «No carece de curiosidad, para el estudio de las ideas en el siglo XVIII, cotejar el libro de Luzán con otro de muy parecido asunto que escribió en tiempo de Carlos III el Duque de Almodóvar, traductor de Raynal. El autor fue molestado por la Inquisición como enciclopedista, aunque en este libro hace bastantes distingos y se muestra muy severo con los autores irreligiosos.»

6. *The Eighteenth-Century Revolution in Spain*, pp. 80-82.

7. *Década epistolar sobre el estado de las letras en Francia*. Su fecha en París, año de 1780. Por D. Francisco María de Silva. Con Licencia. En Madrid: Por D. Antonio de Sancha. Año de M.DCC.LXXXI. Se hallará en su librería en la Aduana vieja. A beneficio de la real Sociedad económica de Madrid.

parte alguna que lo que supieron los Españoles del siglo XVI. Esta opinión, sobre ser falsa, tira en cierto modo a apagar los estímulos de la emulación, fomenta la desidia, y engendra una vana satisfacción, que lejos de excitar al adelantamiento, entorpece los ánimos, adormeciéndolos en sus preocupaciones.

Pero *hay otros también, que creyendo que el criticar a su nación y el ir contra la corriente, es una prueba manifiesta de ingenio y erudición, censuran nuestras costumbres, ridiculizan los esfuerzos por la restauración de la literatura, y nada encuentran bueno, sino lo que viene de los extranjeros.*

Para unos y otros puede servir mucho la presente obra. En ella se da una idea de la grande extensión de la literatura, en todos sus ramos, en París, estado al que acaso no ha llegado ninguna nación del mundo. Pero al mismo tiempo se manifiesta el carácter de los más acreditados sabios de aquella nación, se notan sus errores, y se manifiesta que no siempre ha sido igual el mérito a la fama, y que la solidez no es por lo común la prenda más sobresaliente en los Escritores Franceses.[8]

El Duque de Almodóvar considera que la cultura tiene fases de auge y declinación, y que viaja por los países más cultos: Italia, España, Flandes, Francia, Inglaterra, Alemania, etc. La situación de Francia es la mejor, y «de un siglo a esta parte, por una especie de tácito convenio, casi universal», es París el lugar en que las buenas letras y las ciencias se han fijado. «Es la oficina de donde salen los elaborados trabajos que en general sirven de reclamo y de modelo a las demás naciones; salvo el mérito de cada una, y su derecho a sus inventos y adelantamientos particulares.» El examen que el autor se dispone a hacer de la cultura francesa no tiene un propósito meramente informativo, sino que se orienta hacia la reincorporación de España a la vida intelectual activa:

Nosotros como vecinos y poseedores de aquellos principios que han ilustrado estos dos últimos siglos, tenemos un urgente y vivo interés en saber el estado actual de la literatura francesa para calcular el de la nuestra; conocer la parte de nuestros antiguos derechos, que hemos ido conservando sucesivamente, y la

8. Sempere y Guarinos, *Ensayo*, IV, 1787, pp. 5-6. Subrayados míos.

que nos falta; acercarnos al nivel de nuestros vecinos, o a el centro sobre cuyo eje rueda la circulación literaria; y buscar los medios de conservar aquella parte, de adquirir estotra, y de *volver a dar la tensión y fuerza que corresponde a los muelles que tanto se han relajado, y son causa de la vergonzosa decadencia que palpamos.* Acordémonos de nuestros abuelos, y compendiando los progresos del siglo presente, armemos otra vez la máquina con que vuelva a alzarse el honor de la nación al grado que merece, y se ponga en el debido movimiento la reputación que debe recobrar, y a que es acreedora.

Esta *Década* o decena de cartas es como una especie de mostrador...

La obscuridad únicamente sirve a aquellos que se hallan bien con ella, por ocultar su ignorancia o poco saber, y sus medianos talentos, suficientes sólo para usar de la maña que conviene a su amor propio, y a la exclusiva que su vanidad y envidia quieren imponer a los otros, y atajar el resplandor que les deslumbra y descubre sus viles intenciones, o sus cortas facultades, haciéndoles merced. Éstas son verdades, y como tales tienen su amargo, pero éste es excelente para el estómago moral, igualmente que para el físico. El demasiado dulce le estraga, y también empalaga el gusto.

Tengo observado que *en España hay más luces y conocimientos de lo que ordinariamente se piensa y aparece.* Vivo persuadido que bien organizadas las proporciones actuales revivirían nuestras amortiguadas glorias, y al atraso sucederían los progresos. No desmayemos, éstos se preparan, se fomentan, suceden unos a otros. Consolémonos, demos ensanche a nuestro abatido ánimo, apliquemos nuestro feliz natural ingenio, reglemos nuestra aplicación, elevemos nuestro espíritu, pongamos los ojos en nuestros mayores, *distingamos aquellos de estos tiempos*, examinemos bien nuestra obligación, cumplamos con ella, aprovechemos nuestras disposiciones, cooperemos al bien común, justo fin de todo buen cristiano, de todo buen patricio.[9]

Para el Duque de Almodóvar, Francia —concretamente, París— está en plena actividad literaria y científica. Hay «un fuego que chispea y brilla en esta gran capital»; pero al mismo tiempo se han introducido «el abuso y la corrupción». «Hay aquí cierta especie de doctos que se llaman filósofos.» Los caracteriza por su superficiali-

9. *Década epistolar*, Al Lector.

dad e irreverencia; al lado de ellos hay «otra especie de sabios, que lejos de dejarse llevar de aquellas brillantes apariencias, han procurado descubrirlas y desvanecerlas». Pero el duque reconoce su limitación: «Entre estos sabios ha habido algunos poco diestros en el uso de sus fuerzas. Sus ataques han sido fácilmente rechazados, y han deslucido por falta de dirección la buena causa de que habían tomado la defensa.» «Sin embargo —añade—, en las ciencias cultivadas por los llamados filósofos hay mucho bueno, y en la oposición de los antifilósofos no falta ciencia sublime. No abrigan éstos las supersticiones e ignorancias de otros siglos; descubren los errores de éste; los distinguen.» [10]

A propósito de Maupertuis, a quien elogia mucho, se refiere el Duque de Almodóvar a algunos españoles que pone de ejemplo:

> Yo he tenido la satisfacción de tratarle, y conocer que el verdadero grande hombre debe sentar su mérito sobre la sólida base de hombre de bien. Entre nuestros sabios son un buen ejemplo y apoyo de este principio Feijoo, Sarmiento, Montiano, Iriarte, D. Jorge Juan, que nombro sin agraviar a otros, porque los he tratado, y ya han muerto.[11]

El duque admira a Montaigne, a Descartes y a Gassendi; elogia con admiración mezclada de muchas críticas a Voltaire y Rousseau. Habla con simpatía y mal disimulada aprobación de la libertad de conciencia, pero señala al mismo tiempo los desenfrenos y errores en que se puede caer; por ejemplo, a propósito de La Mettrie, muerto en 1751, dice:

> Su instrucción tocante a Medicina pasa por excelente, pero era un autor frenético en sus libros de Filosofía. Se hallaba en Olanda cuando publicó *El Hombre máquina*, obra que le hubiera conducido al cadalso, si no hubiese escapado prontamente.
> Puede Vm. discurrir la actividad de la ponzoña de semejante obra, cuando en una república de toda libertad de conciencia como la Olanda no se ha tolerado. Toca el extremo de considerársela como una peste, y cuando ésta llega a sentirse en cualquiera país, se pro-

10. Ibíd., epístola primera, pp. 2-4.
11. Ibíd., epístola tercera, p. 72.

cura atajar el que cunda. La libertad de la imprenta tiene sus límites. El choque de los entendimientos y disputas produce la luz, pero en ciertas materias el mismo choque propaga un incendio, que debe cortarse pronta y prudentemente. En fin este autor logró la rara fortuna de hallarse desengañado de sus errores en los últimos tiempos de su vida, de hacer las más solemnes protestas, y mostrar su verdadero arrepentimiento con bien claras señales, pues vivía en un país libre como Berlín, y en que estaba protegido sin que nada, ni nadie le obligase a retractarse de sus errados principios.[12]

Almodóvar estima mucho a D'Alembert, especialmente como matemático y filósofo, y a propósito de él da una opinión sobre la Enciclopedia:

En fin lo que le ha dado más conocida celebridad es la *Encyclopedia*. Su discurso, que sirve de *prospectus* a esta prolija y laboriosa obra, es magistral. La *Encyclopedia* es una grande obra, que algunos sabios la miran como una indigesta compilación muy salpicada de paradojas y errores; y a otros los llena de admiración, y la consideran como un riquísimo tesoro, y que hace famosa época en las letras. Discurro tendrá Vm. noticia de las varias ediciones que de ella se han hecho. Yo recomiendo a Vm. la de Luca, porque tiene unas excelentes notas, puestas por hombres muy orthodoxos y doctos.[13]

La información sobre filósofos grandes y pequeños es muy amplia; a veces —Diderot, Raynal— se detiene mucho Almodóvar y da multitud de detalles. Insiste especialmente en el número enorme de autores, en la facilidad de publicar, en los muchos extranjeros establecidos en París que allí escriben; y todo esto lo lleva a lanzar una mirada sobre la situación de la época en su conjunto. La idea de una Europa tan culta y fuerte que su destino histórico está asegurado, de modo que la ruina de la cultura ya no puede producirse, se impone a su espíritu, y, al mismo tiempo, siente que Europa, y aun el mundo entero, avanza hacia una unidad de creencia:

Juzgo que ya no llegará el caso de la ruina de las letras como en los tiempos pasados. La imprenta, y la con-

12. Ibíd., p. 87.
13. Ibíd., epístola cuarta, p. 96.

tinua extendida comunicación por todo el mundo es una barrera permanente. Supongamos que los Tártaros, que no conocemos muy bien, hiciesen una feliz irrupción contra los Rusos, como la hicieron contra los Chinos; y que mezclados con aquéllos, como se mezclaron con éstos y adoptaron sus leyes, formasen una sola formidable y guerrera nación; que como los Rusos tienen otra ferocidad y costumbres que los Chinos, les siguiese ya juntos el espíritu de conquistadores; y que los progresos del lujo, afeminando la Europa culta, les proporcionase la subversión de sus diferentes gobiernos, y la señoreasen enteramente. Supongamos, dando un salto a diferente hemisferio, que la América llegase a ser conquistadora de la Europa: en ambas hipótesis, tan diversa una de otra, digo que no volvería a suceder la total ruina de las letras.[14]

Es interesante la imaginación de Almodóvar, que se acerca a las que hoy asedian las mentes de muchos europeos; y lejos de abandonarse a un catastrofismo general, tan del gusto de los que se asoman al futuro para adivinarlo, afirma su enérgica fe en la supervivencia de la cultura. Y a continuación agrega algo aún más interesante:

Lo que añado, sí, es que no pueden realizarse estas hipótesis. La constitución actual de la Europa está demasiado ligada entre sus partes, y abraza muy estrechamente las demás del globo. Más bien podemos decir que gradualmente (y al paso lento que no alcanzamos a comprehender) se prepara todo el mundo al sabido momento de la reunión general de creencia, en que como el evangelista San Juan nos instruye, ha de llegar el tiempo de *Unus Pastor et unum ovile*. Volviendo al asunto, mi opinión es que no considero posible aquella total ruina, aunque sí muy verosímil su decadencia; pero por relajación, y ésta en partes, en tiempos y en naciones.[15]

No cabe más enérgica afirmación de la unidad del mundo, de la comunicación de sus partes, del establecimiento de una unidad general de las creencias en Europa y en todo el mundo influido por ella. Estamos en el polo opuesto de toda «tibetanización». Almodóvar no acepta fácilmente los tópicos; por ejemplo, los que ven a

14. Ibíd., epístola sexta, pp. 150-151.
15. Ibíd., p. 151.

Francia como una frívola nación de danzantes y peluqueros: «No puedo conformarme con la opinión común de que la nación francesa es frívola. Se la achaca este defecto por la inclinación que tiene a la alegría.»[16] Y a continuación informa en detalle acerca de sus economistas. Le merecen respeto, y todavía más los estadistas, en cuya eficacia cree profundamente: «Un buen estadista es capaz de hacer feliz su nación, y aun casi las otras.»[17]

Por cierto, ya hacia el final de la *Década* encontramos un pasaje que me interesa particularmente. Este aristócrata, que escribe desde París, tras haber recorrido buena parte de Europa, en 1780, que se interesa por todo y da cuenta bien por menudo de filósofos, poetas, dramaturgos, músicos, escritoras, periódicos, traducciones, este europeo cosmopolita, está penetrado de preocupación española y nos da un testimonio particularmente vivo y enérgico de la «plebeyización» de la sociedad española a mediados del siglo XVIII, que quizá se ha exagerado, pero que no se puede reducir tanto como Richard Herr ha pretendido últimamente.[18] Almodóvar habla del teatro popular «en el lenguaje de la baja plebe de París», y especialmente del género *Poissard* y de los *Vaudevilles*; y explica el nombre *Poissarde*, pescadera o vendedora de pescado, como equivalente de «verdulera» en Madrid. Y agrega este párrafo revelador de una situación social y de una conciencia de su gravedad que no puede pasarse por alto:

> Esta gente, y la que se roza con la misma clase, tiene su particular y chavacano modo de hablar, estropeando las palabras y las frases, y forma una especie de magismo en sus modales y explicación, al modo del nuestro en los arrabales de Madrid; pero con la diferencia que el nuestro, con ciertos baños de gitanismo y de tuna, y demás resabios que se le han ido agregando de unos cuarenta y tantos años a esta parte, se ha subido a mayores, en tanto grado, que las personas poco instruidas califican el magismo de carácter español.
>
> No lo es, y sí una corrupción moderna de nuestras buenas y loables costumbres, habiéndose introducido y propagado vergonzosamente en la nobleza y gente de forma, en lugar de quedarse, como en París, entre la

16. Ibíd., epístola sexta, pp. 163-164.
17. Ibíd., epístola séptima, p. 175.
18. En su ensayo «The Twentieh Century Spaniard Views the Spanish Enlightenment», en *Hispania*, vol. XLV, núm. 2, mayo, 1962, pp. 183-193.

baja plebe. Cuando los ejércitos y armas españolas daban la ley al mundo, no se conocía semejante raza. La arrogancia española, que venía a ser el carácter equivalente de aquel tiempo, de donde se ha derivado el origen de la guapeza o primer magismo, procedía con otra dignidad, aire y espíritu. Yo no he hallado las palabras *Majo, Maja, Magismo, Mageza, Magería,* &c, en libro ninguno impreso en el siglo pasado, y bien conocido y usado es el verbo *Majar,* sus derivados y acepciones. El Diccionario de la Academia española, tomo IV, en que está la letra *M,* impreso en Madrid en 1734, ya pone la voz *Majo*; pero se infiere de su propia definición, y de la omisión de las demás voces derivativas, en cuán diferente significación y sentido se hallaba todavía entonces la voz *Majo* de lo que es en el día. Dejemos esto para mejor ocasión.[19]

Es lástima que el duque no se detuviera más, porque aquí está una de las claves de su tema, la forma precisa que entonces adopta la cuestión. En todas partes hay *plebe* —en el siglo XVIII, quiero decir—; pero en España hay, además, *plebeyismo,* cosa bien distinta. Los modos propios de la plebe no quedan confinados al arrabal, sino que se desbordan hacia los estratos superiores de la sociedad. Almodóvar es sumamente preciso: «de unos cuarenta y tantos años a esta parte», es decir, desde 1735 a 1740, bastante antes del reinado de Fernando VI. Señala la influencia del gitanismo, y la cosa es tan grave, que los poco instruidos identifican el majismo con el carácter español, al ver que se ha «introducido y propagado vergonzosamente en la nobleza y gente de forma». Bien se ve que era un carácter inundatorio y dominante, que al ilustrado Almodóvar le parece corrupción. Agudamente busca los antecedentes históricos de ese carácter, lo que pudiéramos llamar su «homólogo» en otras épocas, y lo encuentra en la arrogancia española. Para Almodóvar, el majo es el «guapo», pero en otros tiempos tenía mayor dignidad; la vieja *arrogancia* de cuando España mandaba en el mundo degenera

19. *Década,* epístola novena, pp. 264-265. La definición del *Diccionario de Autoridades* dice así: «*Majo.* El hombre que afecta guapeza y valentía en las acciones o palabras. Comúnmente llaman así a los que viven en los arrabales de esta corte.» Esta definición se repite en las ediciones de 1780-1783 y 1791. Sólo en 1803 aparece alguna modificación: «La persona que en su porte, acciones y vestido afecta un poco de libertad y guapeza, más propia de la gente ordinaria que de la fina y bien criada.» Esta definición se conserva hasta 1852 sin cambios ni adiciones.

en *guapeza*, y ésta en *majismo*. Y éste, en su forma menos digna, inicia a mediados del siglo XVIII su camino ascendente e invade la sociedad de abajo arriba.

Pero el majismo es, naturalmente, una forma extrema de *localismo* —piénsese en todo lo que será después lo «castizo»—. Frente a la universalidad de la cultura, frente a esa «unidad general de creencia» que Almodóvar prevé, frente a la comunidad de todos los países a un nivel nunca antes alcanzado, aparece el fantasma de ese localismo, de ese particularismo angosto, como un rebrote de aislacionismo, como una amenaza de nuevo y más bajo enquistamiento de la sociedad española en sí misma. El «majismo» se presenta inequívocamente a sus ojos como una última forma de «tibetanización»: frente a la España europea, unida al mundo por el pensamiento, otra vez una España sola.

Una apología de la intolerancia

Hemos visto los enormes esfuerzos que se hacen durante el siglo XVIII, y sobre todo en el reinado de Carlos III,
por abrir de nuevo España, por incorporarla a Europa,
a la cual ha pertenecido siempre, y así dejarla ser ella
misma. Hemos visto también que esto se intenta desde
un profundo sentimiento de lo español, en ocasiones desde una apasionada adhesión a lo que España había sido
y podía ser; casi siempre, en una actitud religiosa, mezclada ciertamente con crítica del clero o de ciertos aspectos de su actividad política y económica, por supuesto con más o menos disimulada repulsa de la Inquisición. Hay avances y retrocesos. De éstos, el más violento
y espectacular fue el proceso inquisitorial de Pablo de
Olavide, desde 1776, que terminó con el «autillo» de 1778.[1]
Bourgoing, que llegó a España poco después, cuando todos los recuerdos estaban frescos, ha dejado uno de los
mejores testimonios contemporáneos de la persecución
de que fue objeto, y una aguda interpretación de sus consecuencias. Es sabido que las repetidas denuncias del
padre Romualdo de Friburgo, capuchino puesto al frente
de los frailes que atendían religiosamente a los colonos
de las nuevas poblaciones de Sierra Morena, hicieron que
Olavide fuera preso por el Santo Oficio.

> Le 14 novembre 1776 —escribe Bourgoing—, un grand
> d'Espagne, en qualité *d'alguasil mayor* de l'inquisition,

1. El mejor estudio sobre Olavide es el admirable libro que ha compuesto recientemente Marcelin Défourneaux, *Pablo de Olavide ou l'Afrancesado*,
París, 1959, donde se encontrará abundantísima información.

accompagné des ministres de la justice, vient l'arrêter et le conduit dans les prisons du Saint-office, tandis qu'à la Caroline où était restée sa femme, à Séville son domicile ordinaire, ses biens, ses livres, ses papiers sont saisis. Dès cet instant, il fut perdu pour sa femme, pour ses parens, pour ses amis. Pendant deux ans ils ignorèrent tous quelle partie de l'univers il habitait, s'il respirait encore, et tous avaient renoncé à l'espoir de le revoir.[2]

Bourgoing expone con singular precisión las diversas actitudes que suscitó la prisión de Olavide, hombre que tenía altos cargos —asistente de Sevilla, intendente de Andalucía—, que había alcanzado gran prestigio como colonizador y administrador, se había distinguido por sus proyectos de reforma universitaria, ley agraria y restablecimiento del teatro, y que, por último, por su holgura económica, esplendidez y cultura tenía gran representación social:

J'arrivai en Espagne, pour la première fois, lorsque cet événement était tout récent. Je fus témoin des diverses impressions qu'il avait produites. Les rivaux d'Olavidé, les envieux, quelques dévots de bonne foi dans leur zèle amer pour la cause de dieu, le regardèrent comme un triomphe. Plusieus citoyens à principes austères n'y virent qu'un juste châtiment pour des imprudences, qui ailleurs auraient eu d'autres juges, mais ne seraient pas restées impunies. *La consternation fut cependant le sentiment le plus général. Chacun commença à trembler pour lui-même, à craindre de trouver jusque dans ses liaisons les plus intimes des espions et des accusateurs. Les coeurs se resserrèrent et se flétrirent.* Comment se livrer désormais, dans son intérieur, aux doux épanchements de la confiance et de l'amitié? Quel homme assez sage, assez sûr de lui-même pour calculer toutes ses démarches, pour mesurer tous ses propos, pour ne jamais fournir de matière aux délations d'un ennemi caché, d'un domestique vendu, d'un ami, d'un fils même égaré par ses scrupules? Le Saint-office, à la vérité, est encore plus juste peut-être qu'il n'est sévère, mais ses formes sont si redoutables! comment conjurer des foudres qui se préparent dans le silence et dans l'obscurité de son dédale inaccesible?

Tels étaient les raisonnement que dictait la terreur

2. J. F. Bourgoing, *Tableau de l'Espagne moderne*, 3.ª ed., París, XI, 1803, I, p. 372.

pendant la détention de M. Olavidé. *L'assoupissement apparent de l'inquisition avait rétabli le sécurité; son réveil subit effraya tout le monde.* Cette première impression fut d'ailleurs prolongée par d'autres circonstances. Les moines crurent que le moment était venu de reprendre leur empire. A peine M. Olavidé avait été arrêté, qu'on apprit qu'à Séville une mission de capucins se livrait à tous les excès de son zèle, déclamait avec fureur contre les théâtres profanes. Dans le même temps les inquisitions des provinces partageaient le triomphe de celle de la capitale, et faisaient l'essai de leurs forces renaissantes...

Cependant le procès de M. Olavidé s'instruisait dans le plus profond secret. Son sort fut enfin décidé, après deux ans et sept jours, d'une détention rigoureuse qui l'avait séparé du monde entier.[3]

Los detalles del *autillo* del 24 de noviembre de 1778, salvo que Bourgoing da la fecha 21, son enteramente concordantes con varias relaciones contemporáneas y con el relato más completo que hace Défourneaux.[4] Y Bourgoing concluye:

On a prétendu que le monarque et même le grand inquisiteur avaient adouci la rigueur de sa sentence; que quelques-uns des juges avaient opiné pour la mort, plusieurs au moins pour une peine publique et afflictive; que le parti de la sévérité avait surtout pour appui le confesseur du roi, fanatique atrabilaire, qui croyait que le scandale ne pouvait être réparé que par un châtiment éclatant.

Il était au reste fort difficile d'avérer tous ces détails. *La crainte avait enchaîné d'un côté l'indiscrétion, de l'autre la curiosité.* Une conjecture, une question pauvait être mal interprétée, et empoisonner la vie de son auteur. On réalisait le tableau que nous trace Tacite, *Vit. Agricolae: adempto per inquisitiones et loquendi et audiendi commercio*; ou un tableau beaucoup plus moderne et non moins effrayant.

Avouons cependant que *cette crise ne fut pas longue; les esprits se rassurèrent bientôt*; on savait que Charles III était enclin à la bonté; que le ministre qu'il venait d'appeler auprès de lui ne l'était pas au fanatisme.

Les circonstances mêmes où se trouvait la victime,

3. Ibíd., pp. 372-374. Subrayados míos.
4. Op. cit., IV parte.

contribuèrent à dissiper la terreur publique. Ses talens et ses succès avaient excité les regards de l'envie, avant d'exciter l'animadversión du Saint-office; et les citoyens, devenus plus calmes, *espéraient se faire de leur obscurité, un rempart contre les rigueurs de ce tribunal.* La suite prouva d'ailleurs qu'elles n'étaient que passagères, et que des principes plus doux dominaient dans le conseil intime du roi.[5]

A continuación de este relato, Bourgoing habla largamente de la Inquisición, con extraña mesura y espíritu de justicia para un hombre tan ajeno a sus supuestos y principios; nos llevaría demasiado lejos seguir sus textos sobre este tema. Sólo quiero recoger una reflexión final que añade en esta edición y que se refiere precisamente al punto que aquí me interesa: el cambio que se produce en España a la muerte de Carlos III, coincidente con la inquietud en Francia y el comienzo de la Revolución. Bourgoing escribe:

En 1789, je terminais ce long article sur l'inquisition en formant le voeu que les rois d'Espagne pussent enfin se croire assez sûrs de la soumission de leurs sujets, de la vigilance de leurs cours de justice temporelle, et du zèle éclairé des prélats espagnols, pour pouvoir se passer entièrement de ce tribunal. Je crains fort qu'après ce qui est arrivé depuis en Europe, ce voeu ne soit plus éloigné que jamais de son accomplissement. Je crains que les souverains, même les plus sages, mais jaloux de leur pouvoir, ne chérissent plus que jamais les appuis qui restent encore à leurs trônes ébranlés par de violentes secousses, et ne puisent, dans les excès d'une philosophie exagérée, qui parmi nous a brisé tous les freins, un nouvel argument en faveur des institutions qui préviennent les désordres de l'irréligion, par les maximes de l'intolérance. Plus d'une notion semble confirmer ces fâcheuses conjectures. Depuis le retour de la paix avec la France, les prêtres ont repris en Espagne leur ancien ascendant; on y a fermé les chaires où s'enseignait le droit public, on y a réimprimé l'ouvrage de Macanaz sur l'inquisition. *On verra si c'est un moyen bien efficace de rendre les peuples dociles que de les aveugler et de les museler; s'il est plus sûr de les guider à travers les ténèbres qu'à la lueur du jour de la raison; si enfin, dans le langage même du despotisme, ce n'est pas un governement modéré qui est le plus*

5. Bourgoing, pp. 377-378. Subrayados franceses míos.

propre à mettre les gouvernants eux-mêmes à l'abri des explosions de la liberté.[6]

No cabe mejor descripción, mientras estaba aconteciendo, antes de que llegara a sus extremos, de lo que he llamado «radicalización inducida»,[7] aquel proceso histórico por el cual, en virtud de acontecimientos exteriores e independientes, algo interno a un país —un grupo, una doctrina—, adquiere una «carga eléctrica» que no lo era propia, y se reacciona a ello no por lo que es en sí mismo, sino por la interpretación que se le da a la luz de los sucesos ajenos. Este proceso de radicalización se inicia parcialmente, en algunos estratos o aspectos de la vida española, en los últimos años de Carlos III; pero la fecha en que se manifiesta inconfundiblemente es la de su muerte, 1788. En este momento los impulsos de aislamiento y defensa frente al exterior se encrespan y afirman, y son los que van a imperar durante los veinte años siguientes, es decir, durante todo el reinado de Carlos IV; no quiere esto decir que el espíritu de comunicación y apertura, las exigencias de la época, en suma, no consigan algunos avances en este periodo; pero las amenazas son constantes y, en una forma o en otra, el viejo espíritu de «apología» se alía descaradamente con la abierta proclamación de la intolerancia. Voy a escoger un documento que ilustra ejemplarmente esta situación.

En los números 175, 176 y 177 del *Espíritu de los mejores diarios que se publican en Europa*, correspondientes a los días 6, 13 y 20 de abril de 1789, se publicó, bajo los epígrafes «Sevilla», «Literatura», un trabajo titulado «La intolerancia civil». Está fechado al final, «Sevilla y Junio 3 de 1788», y firmado con iniciales: «L. D. P. L. B.» (las dos primeras pudieran ser «Licenciado Don»). Su autor, probablemente, era un eclesiástico; muchas citas y el estilo literario lo haría pensar así; se puede también pensar que formaba parte de alguna comisión de censura, de la Inquisición o del Consejo; en un lugar manifiesta conocimiento de un escrito, al que critica agriamente, aún no publicado y que *sabe* que se va a publi-

6. Ibíd., pp. 393-394. Subrayados míos.
7. Véase *Ortega. I. Circunstancia y vocación*, 1960, introducción, I, pp. 41-42, y *Los españoles*, 1962, p. 88.

car: «vemos esta monstruosa producción en nuestro idioma castellano en el *Correo de Madrid* de los días 7, 10 y 14 del próximo Mayo de este año», dice en un número del 6 de abril.[8] (La discrepancia entre estas fechas de publicación y la fecha final responde verosímilmente a que el texto de junio de 1788 fue modificado, puesto al día y completado con vistas a la publicación diez meses después.)

El autor de este trabajo está preocupado por las ideas a favor de la tolerancia que se están introduciendo en España; la causa inmediata es la que se aconseja con los extranjeros que se establecen en el país; por otra parte, algunos autores españoles —así el colaborador del *Correo de Madrid* y, en general, esta publicación— defienden su justificación o conveniencia; por último —y esto liga la cuestión a la de las apologías—, los extranjeros atacan a España por su intolerancia y culpan a ésta de su retraso intelectual y económico.

> Como la caridad ilustrada de los Filósofos modernos se extiende sin excepción de personas a procurar la felicidad de todos los mortales —comienza sarcásticamente el autor—, deben los Españoles particular cuidado a estos bienhechores del género humano en suministrarles las luces capaces de desterrar las densas nieblas que han obscurecido esta Península por tantos siglos, manteniendo a sus naturales en la ignorancia bárbara que nos suponen, en la despoblación espantosa que fingen y en el fanatismo y superstición que nos atribuyen...
>
> Debe, pues, la España a estos humanísimos eruditos el descubrimiento importante de que su atraso en las ciencias y artes procede de la falta de libertad en escribir y aun en pensar, porque su sabio gobierno poniendo diques que contengan las hinchadas olas de la orgullosa filosofía de los libertinos, *encadena dentro de unos estrechos límites el entendimiento de sus naturales, castiga al atrevido que sale del círculo que le ha señalado la preocupación, y corta lastimosamente los rápidos progresos que en las Naciones libres ha hecho en las ciencias y artes la razón sin freno*: y como si fuesen muy interesados en la felicidad de los Españoles que aborrecen, claman en un tono lastimoso y compasivo para despertarnos de este letargo y hacernos sabios sin es-

8. «La intolerancia civil», en *Espíritu de los mejores diarios*, 6-IV-1789, p. 1063.

tudiar, religiosos sin religión, ricos y comerciantes sin escrúpulos.[9]

El autor une la acusación de insinceridad a otras más graves, como aborrecimiento de los españoles, y al final se inclina a la caricatura. Y en seguida insiste en esa insinceridad y trata de explicar esas críticas por el afán de atacar a la religión, a los eclesiásticos y a la Inquisición, a quien él defiende desde el primer momento, con argumentos escogidos en vista de las inquietudes del momento:

No es seguramente nuestro atraso en la literatura, ni la supuesta despoblación y pobreza de España lo que incomoda a estos escritores extranjeros, ni harán nunca creer a los insensatos Españoles que se interesan sinceramente en que mejoren de situación; su único objeto es el de desacreditarnos, y que el mundo todo nos tenga por bárbaros y por fanáticos: ¿Pero qué consiguen con pintarnos con tan desagradables colores? Consiguen todo el lleno de sus ideas, consiguen proporcionarse un especioso pretexto para subir al examen de las que suponen causas de nuestras ponderadas desgracias, y consiguen con esto saciarse en las invectivas y sátiras mordaces que esparcen contra nuestra Sagrada Religión, contra el Estado Eclesiástico y contra *un Tribunal que nos ha preservado de la mayor calamidad que ha infestado otros Reinos, de aquel horrible monstruo de la herejía que empieza por separar de la obediencia de Dios a sus criaturas, y acaba por romper con toda subordinación temporal.*
No les importa que tengamos poco comercio, que se halle atrasada la agricultura, despoblado el Reino, ni que no florezcan las ciencias y artes; pero les importa declamar que somos ignorantes porque no hay libertad en escribir, y pensar como los libertinos, que falta la población porque se permite y protege el celibato, que falta el comercio, la industria y agricultura porque somos fanáticos y abrigamos *el terrible monstruo de la intolerancia disfrazado con la respetable capa de la Religión,* según se pinta en uno de nuestros papeles periódicos que si hasta ahora ha servido de diversión al vulgo de literatos con sus pueriles producciones, no se le puede negar ya la gloria de ser el primero que ha servido de correo para hacer que pasen los Pyrineos unas máximas que atropellan los respetos debidos a la Reli-

9. Ibíd., pp. 1059-1060.

gión y a las sabias y piadosas leyes de nuestros Soberanos, y que hasta ahora sólo veían estampadas entre *Melanges filosofiques (sic)* y entre otras producciones de autores proscriptos, no sólo por los fanáticos Españoles, sino también por los doctos Parlamentos de Francia.[10]

Esta última declaración tiene especial interés, porque muestra que en 1789 todavía no se habían impreso nunca en España ninguna clase de «impiedades» y que estas críticas eran sólo conocidas por escritos de «autores proscriptos» importados clandestinamente; esto vierte no poca luz sobre cuál fue el contenido de la moderadísima ilustración española del XVIII, precisamente hasta el momento en que termina su relativa libertad durante el reinado de Carlos III. Conviene tener esto presente para entender la significación de las represiones que desde entonces se acumulan y de la ofensiva general contra los ilustrados; la desfiguración que se intenta después —y aún no ha terminado— tiene que inventar una ilustración extremista, revolucionaria e impía que nunca existió.

El autor entra luego en la defensa apasionada de la intolerancia y alcanza expresiones particularmente significativas, que conviene recordar y adscribir a su fecha:

Dichosa ignorancia la nuestra si ella no nos ha producido otros males que la falta de unas obras como las que condena nuestra Religión, y dichosa la barrera que contiene la libertad del entendimiento de los españoles para no haber corrido por los precipicios de la impiedad...

Examinen, pues, nuestros atrevidos eruditos *los progresos de la razón en todos los siglos y Naciones, y hallarán los horribles monstruos* que ha producido entre las más cultas y civilizadas y verán con cuánto motivo procura España ponerla freno...

...consulten seria y filosóficamente sus producciones propias y verán un confuso globo de contradicciones en cada punto, absurdos inauditos, sistemas, monstruos, y ninguna consecuencia en sus decisiones Magistrales, pues sólo convienen en lisonjear las pasiones del hombre, figurándole inocentes las operaciones más culpables.

(Así los espíritus fuertes), —agrega en nota.[11]

10. Ibíd., pp. 1060-1061. El primer subrayado es mío.
11. Ibíd., pp. 1061-1062.

Y a continuación escribe nuestro autor un párrafo que representa uno de los primeros testimonios de un estilo cuyo origen sería interesante perseguir aguas arriba. Hace algún tiempo di un expresivo ejemplo de él al citar la delación contra Jovellanos, presentada a Carlos IV y María Luisa, que determinó el cautiverio de siete años que padeció en Mallorca.[12] Esta denuncia es de 1800;[13] el texto que ahora comento es unos doce años anterior; las semejanzas estilísticas son sorprendentes. Dice así:

Hace tiempo que los protectores de tales máximas esparcen por el mundo su mortífero veneno en la dorada copa de un estilo brillante que deslumbrando a la incauta juventud y a los hombres superficiales ha conseguido arrastrar a los que no examinando más que el exterior abrazan[14] lo que deleita, sin reflexión a la ponzoña. En medio de esto se ha visto sin embargo que nuestra Península se había preservado en la mayor parte de este contagio, y que si alguna cosa se introducía era clandestinamente y ocultándose avergonzados los que habían contraído la infección de esta lepra;[15] pero la continuación del mal, su lisonjera dulzura, y nuestra inclinación a abrazar lo que deleita, hace temer que España va insensiblemente perdiendo su vigor, y que acostumbrados ya sus católicos naturales a oír las encantadoras voces de estas sirenas están para dar incautamente en escollos que los hagan padecer el casi común naufragio. Imitando el estilo de los Filósofos extranjeros en combatir nuestra arraigada adhesión a la piedad, algunos Españoles alucinados empiezan a esparcir papeles, en que copiando mal a Voltaire nos pintan con los mismos defectos que aquellos nos atribuyen, y despreciando cuantas causas pueden haber contribuido a nuestra despoblación y atrasos, señalan como única nuestro catolicismo, asegurando en tono de oráculos que el verdadero origen del peligroso estado de nuestra enfermiza Nación procede del bárbaro error de no haber dado acogida al *temible monstruo de la tolerancia disfrazado con la respetable capa de la piedad y mansedumbre Evangélica.*[16]

12. Véase *Los españoles*, 1962 (2.ª ed., 1963), pp. 53-57.
13. Puede verse el texto completo en *Documentos para escribir la biografía de Jovellanos*, recopilados por Julio Somoza García-Sala, Madrid, 1911, I, pp. 225-230.
14. El texto dice «abrasan», pero es evidente errata.
15. En nota se agrega: «Si se registraran los Archivos del Santo Oficio se vería lo mucho que se ha evitado.»
16. «La intolerancia civil», ibíd., pp. 1062-1063.

Este párrafo es sumamente revelador. El autor, sin duda, conocía por dentro los Archivos del Santo Oficio, pues advierte que «si se registraran se vería lo mucho que se ha evitado»; esto nos orienta sobre su condición; pero, además, pone de relieve que la Inquisición no estaba en el siglo XVIII tan inactiva ni era tan benévola como algunos suponen. Por otra parte, a esta altura podemos darnos cuenta de cómo el autor falseaba la situación existente, con ánimo de provocar una represión que ya se venía encima: a pesar de que él mismo ha reconocido que las impiedades eran contadas, y siempre de autores extranjeros, da por supuesto que el país está invadido por la «ponzoña» o «lepra» y los que han adquirido el «contagio» se ocultan «avergonzados» (otra hipótesis posible sería que se ocultaban simplemente asustados). Aparte de esta consideración, hemos visto los testimonios críticos de los ilustrados y cómo estaban absolutamente lejos de simplificar las causas del atraso de España y reducirlas a la intolerancia, y mucho más de identificar ésta con el catolicismo, como expresamente dice el autor de este escrito: «señalan como única nuestro catolicismo». Probablemente el texto más «ilustrado», tolerante y amigo de los filósofos del tiempo es el del P. Andrés, un religioso de ortodoxia irreprochable; ni Cadalso, ni Jovellanos, ni Almodóvar fueron tan lejos como él en la estimación y el entusiasmo por el pensamiento de su época.

El autor de «La intolerancia civil», a medida que avanza en su argumentación va probando que en España no existía la situación que condena y teme; es decir, que combate ciertos males *antes de que se produzcan*, por tanto, no como reacción contra ellos, sino por un impulso original, en vista de la *posibilidad* de que pudieran llegar a existir. Es un viejo ejemplo de la conocida teoría de «adelantarse» a las amenazas; en el momento en que esto acontece se presentan las cosas así; un poco después, cuando ya el haber pasado hace que todo sea menos evidente, se da un paso más, y se da por supuesto que la amenaza existía y hubo que «vencerla». En efecto, dice así:

Como estas perniciosas máximas *no habían penetrado hasta ahora* nuestras propias casas, mirábamos con más indiferencia los efectos que en otros países producían; pero a vista de hallarnos tan *expuestos a contraher el*

> contagio, *se hace preciso prevenir el antídoto y purifi-*
> *car la atmósfera.* Para este efecto se han hecho estas
> reflexiones, que no destinándolas a que vean la luz pú-
> blica, servirán sólo para nuestro privado consuelo, *y*
> *para el de algunas personas que particularmente nos*
> *interesan.*[17]

Esto ayuda a entender la anomalía de las fechas: en
1788 escribe el autor para su propio consuelo y el de algunas personas especialmente interesantes, sin ánimo de
publicidad. No sabemos quiénes eran esas personas, pero
el contexto hace pensar que se trata de una denuncia
dirigida a las autoridades; Floridablanca estaba muy alar-
mado, y son frecuentes en el texto las referencias al
orden del Estado y a la obediencia política; se trataba
sin duda de alarmar al Gobierno, ya muy preocupado por
lo que estaba pasando en Francia, y mostrarle que de la
libertad intelectual o la tolerancia religiosa se seguía la
desobediencia civil y grandes peligros para el Estado. Menos de un año después, sin embargo, el autor publica su
escrito en el *Espíritu de los mejores diarios*; sin duda el
reinado de Carlos IV, el comienzo de la Revolución francesa y el robustecimiento de las fuerzas regresivas le hicieron pensar que podía iniciarse una ofensiva *pública*
contra los ilustrados. Precisamente reprocha ásperamen-
te al *Correo de Madrid* el dar a la publicidad una cuestión que, si acaso, debió someter privadamente a las autoridades; y por este camino llega a algunas de las expresiones más extraordinarias que se han escrito sobre este
tema:

> Extrañamos, sin embargo, que un filósofo que desea
> proponer un pensamiento útil a la patria se desentien-
> da de los sabios Ministros de la Nación y exponga su
> trabajo al tribunal incompetente del vulgo, pues de-
> biera saber que su humildad y su celo hallarían entra-
> da hasta el trono de nuestro piadoso Soberano, y que
> sólo allí deben examinarse los proyectos de esta natura-
> leza; pero decir al pueblo que es preciso arrojar el te-
> rrible monstruo de la intolerancia es un desacato a la
> Majestad del Monarca, es un atentado contra el respeto
> debido a nuestras leyes y es, en una palabra, hacer que
> el vulgo crea que el Ministerio no sabe conocer lo que
> nos perjudica, y que tolera unas providencias que nos

17. Ibíd., p. 1064. Subrayados míos.

115

destruyen: *la intolerancia es una ley fundamental de la Nación Española, no la estableció la plebe, no es ella quien debe abolirla.*[18]

La intención no puede ser más clara: se trata de dar una interpretación subversiva de todo intento de discutir la intolerancia; de implicar al Gobierno en ella y tomar como censura directa y desacato al Rey cualquier proposición pública de corrección y mejora. Y concluye con la frase que he subrayado, de elocuencia que dispensa de todo comentario.

Pero lo que el *Correo de Madrid* proponía no era demasiado extremado y disolvente; el autor de nuestro comentario lo cita en cursiva: «el *establecimiento de una junta numerosa compuesta de los Obispos más santos y patrióticos, y de todos los que están enterados en los verdaderos principios de nuestra sagrada Religión*».[19] Lo que le parece horrible es que apoye su proposición tratando de «prevenir la decisión de esta respetable asamblea, instruyéndola menudamente en las ferocidades del temible monstruo que deben desterrar».

No es esto, a la verdad, buscar una junta que examine, es sólo desear que apruebe y autorice todo el cúmulo de delirios de su filosofía, es empezar a proponer con humildad y concluir decidiendo con audacia y atrevimiento. El primer pensamiento puede ser de un político, *las razones y argumentos, sobre intempestivas, son de un impío; debiera, pues, proponer sencillamente su idea y esperar que el sabio Congreso determinase lo conveniente al Estado sin perjuicio de la Religión y sin escandalizar al pueblo con unos fundamentos como los que expone el filósofo.*[20]

Es decir, lo inadmisible es *el recurso a la opinión*. Si se hace —privadamente— una propuesta, sin argumentos, y se espera que se decida, pase; si se muestran las razones que hacen aconsejable la tolerancia y se busca el apoyo de la opinión pública, esto es desacato y subversión. Por otra parte, hay que describir bien la intolerancia:

18. Ibíd., pp. 1065-1066. Subrayado mío.
19. Ibíd., p. 1066.
20. Ibíd., p. 1066. Subrayado mío.

Considérese la intolerancia en todas sus partes, no se oculten los bienes reales que produce ni se le atribuyan las sanguinarias escenas que el falso celo y fanatismo ha representado, y aparecerá con un aspecto agradable y majestuoso, y se verá brillar en su semblante la dulzura y piedad con que mira los errantes mortales al mismo tiempo que aborrece sus delirios.[21]

La Religión Católica es y debe ser siempre intolerante, pero su intolerancia no es cruel, no es sanguinaria, todo su rigor se limita a sostener con firmeza que fuera de ella no hay salvación, y persuadida de esta verdad eterna, es tan imposible que abrigue el error dentro de sí misma como lo es que asistan las tinieblas en presencia del sol.[22]

No es posible seguir en su detalle este escrito, muy largo y que en gran parte está dedicado a una minuciosa discusión de los temas de la tolerancia religiosa, los derechos del error, etc., de una manera que ya no era entonces nueva y después se ha repetido innumerables veces más, y que todavía no es infrecuente. Tiene más interés para nosotros la incondicional defensa que el autor de este alegato hace de la expulsión de los judíos y moriscos, afirmando que «los Judíos hubiesen llegado a hacerse dueños de todas las riquezas de la Península, dejando en la miseria a los Católicos Españoles, y que los Moros y Moriscos, con su infidelidad y con sus secretas inteligencias en África y Constantinopla, hubiesen sumergido por segunda vez la Nación en los horrores de otra conquista de los secuaces de Mahoma».[23] Donde se ve, por cierto, cómo los argumentos religiosos dejan pronto el paso a otros puramente económicos y políticos, y no excesivamente verosímiles.

Pero hay todavía algo más curioso, y es la consideración de lo que sucedería si la tolerancia abriese las puertas de España a los heterodoxos, como se aconsejaba para fomentar el aumento de población:

¿Qué harían diez millones de Católicos que habrá en España entre otros cuarenta o más de sectarios?... La Monarquía sería trastornada por sus cimientos; la Religión, desterrada; el Clero, aniquilado, y con todo seríamos felices, porque tendría España cuarenta millones

21. Ibíd., p. 1067.
22. Ibíd., p. 1068.
23. Ibíd., 13-IV-1789, p. 1092.

más de almas que nos enseñasen a conocer los estragos de la tolerancia.[24]

En la última parte del escrito sobre «La intolerancia civil» se examinan por menudo las condiciones en que se debería admitir a los «extranjeros sectarios». Y se extiende en los peligros que la presencia de algunos protestantes ya encierra:

> Páctese con ellos lo mismo que en los tratados con otras Cortes se ha permitido a cierto número, que con motivo de comercio y con Real permiso se establezcan en nuestros Puertos: permítase en secreto el uso de su Religión, pero no hagan de ella ningún acto ni ceremonia en público, no asistan a los Divinos Oficios, no tengan en sus casas juntas con los de su creencia para hacer preces o sermones y hagan genuflexión al Santísimo Sacramento o eviten el encuentro. Ahora bien, con estas circunstancias, ¿le parece al filósofo declamador que se salvan todos los inconvenientes?... El corto número de protestantes que hoy reside en algunos de nuestros puertos acredita bien cuánto tendríamos que temer si fuese mayor, aunque no llegase a los cuarenta millones que nos ofrece el Correo de Madrid. Sus casas bajo la bandera privilegiada de su Nación son el depósito de *los libros más perniciosos y de las pinturas más obscenas.* Con aquéllos *esparcen unas máximas tan dañosas al Estado como a la Religión, y con éstas corrompen las buenas costumbres de los Españoles...* Para conocer hasta dónde llega su audacia, bastaría que pusiésemos a la vista de los patronos de la tolerancia un solo ejemplar de ciertos libros infames que nos introducen, cuyas pinturas y expresiones les llenarían seguramente de rubor y confusión, y aun dudarían si era cierto que el libertinaje podía haber llegado a tal extremo de disolución que aspirase a corromper el universo.[25]

¿De qué se trata? ¿Cuáles son estos libros destructores que el autor equipara con las consecuencias de la tolerancia, que supone habían de invadir y dominar inmediatamente España, aunque no se le ocurre preguntarse por qué no ocurre así en los países de donde proceden? Una nota lo aclara con toda precisión:

24. Ibíd., p. 1093.
25. Ibíd., 20-IV-1789, pp. 1107-1108. Subrayados míos.

El abominable libro de Mr. B. Portier des Chartreux, con sus detestables láminas, sólo pudo ser *obra del infierno, y aun parece que aquel fuego eterno no es bastante castigo para su infame autor*. Su diabólica malicia nos introduce también específicos para fomentar la pasión más vergonzosa y ciertos instrumentos y utensilios para desenfreno del libertinaje sin tanto peligro de la salud corporal.[26]

Que la pena de muerte parezca poco castigo para la impiedad no es nuevo; que convenga asociarla con el fuego tampoco es original; que el fuego eterno parezca castigo insuficiente, esto sí que merece retenerse. ¿Qué querría el autor de este documento para castigar al autor —por cierto, procedente de un país católico y no protestante— de un libro licencioso e introductor de técnicas que debían de ser innovadoras?

Todavía se examina en este escrito otra cuestión: «La conducta que debería observar el Gobierno con los Españoles que abandonasen su religión y abrazasen la de sus huéspedes. ¿Alcanzaría a éstos el privilegio de tolerancia?, ¿o estarían sujetos al terrible juicio de la Inquisición y rigurosas leyes del Reino?»[27] Si se admiten los principios que el autor rechaza, «no hay duda que la primera condición que entrará en su plan de la tolerancia será la extinción del Santo Oficio y de todas las leyes que inquieten la voluntaria creencia de cada individuo».[28]

Para ocurrir a estos males —continúa el autor— se introdujo con la más ilustrada política la intolerancia en España... ¿Qué conexión tiene el proyecto de dominar en las ideas de las almas con la ley que impide en España el ejercicio de otra religión que la verdadera? ¿Acaso los Reyes Católicos, ni aun los Inquisidores Españoles, han tenido alguna vez aquel pensamiento? *¿Se ha procedido jamás contra las simples opiniones interiores?...*[29]

Desde que el Cristianismo se colocó en el trono de los Soberanos se vieron leyes contra los enemigos de esta Religión Divina y nunca dudaron aquellos Emperadores que el mejor uso de su autoridad suprema era emplearla en objeto tan sagrado... Nuestro filósofo hu-

26. Ibíd., p. 1108, nota. Subrayado mío.
27. Ibíd., pp. 1108-1109.
28. Ibíd., p. 1109.
29. Ibíd., p. 1110. Subrayado mío.

milde clama, no obstante, que en los primeros siglos de la Iglesia no se pensó en perseguir a los enemigos del Cristianismo, *como si cuatro fieles entre los Judíos y Jerusalén, y entre los Idólatras del Imperio Romano hechos al oprobio de las gentes pudiesen establecer leyes para desterrar el profano culto de los inmundos Ídolos y la ley de Moisés.*[30]

Y el autor termina su defensa de la intolerancia poniéndola en relación con el tema de este estudio y del modo más explícito: las críticas de la situación española y las apologías de ella:

> Nuestra situación es demasiado crítica; tenemos en expectación a toda la Europa, nuestros enemigos ponderan nuestra ignorancia y barbarie, y cuando el desvelo de nuestros apologistas ha conseguido hacer a lo menos problemático el estado de nuestra literatura, es cosa muy lastimosa que nos empeñemos en fomentar con nuestras despreciables producciones la opinión de los primeros, y si por nuestra desgracia no podemos acreditar prácticamente lo que sostienen los segundos dando a luz obras que nos hagan honor, callemos, a lo menos por ahora, y no arriesguemos más nuestro concepto, procurando entre tanto estudiar más y escribir menos.[31]

Este párrafo final no tiene desperdicio: el autor introduce el bien conocido tema de la «expectación», los enemigos, el cerco exterior; podría llevar cualquier fecha del siglo XVIII al XX; reconoce que no se pueden confirmar en la práctica, con obras dignas de honor, las defensas de los apologistas; pero en lugar de preguntarse por las causas de ello y pensar que acaso la situación no sea buena y los críticos tengan razón, su decisión es más sencilla: callar.

¿Se trataría de un inocente desahogo sin consecuencias? ¿Sería una manifestación extremada de algún hombre demasiado celoso y timorato, asustado al ver que las nuevas ideas se iban abriendo paso en las mentes? Tengo entre las manos un viejo pliego elegantemente

30. Ibíd., p. 1113. Subrayado mío.
31. Ibíd., p. 1118.

impreso, en los nobles tipos de fines del siglo XVIII, en Cádiz, año de 1791; sólo han pasado dos de la publicación del escrito sobre la intolerancia en el *Espíritu de los mejores diarios* —que, por lo demás, desde su comienzo, el 2 de julio de 1787, bajo la dirección de don Cristóbal Cladera, había publicado muchos textos impregnados del espíritu de moderada ilustración que caracterizó el reinado de Carlos III—. Este pliego contiene el texto de una *Real Cédula de S. M. y Señores del Consejo*, que después de los títulos del rey Carlos IV y demás preámbulos, dice así:

SABED: Que no contentos los partidarios de la dependencia de todas las Potestades con imprimir papeles incendiarios hechos expresamente para el fin, siembran también sus ideas y máximas aun en aquellas obras, cuyos objetos no tienen conexión alguna con la Religión, la Moral y la Política, cuales son las de Observaciones Físicas, Historia Natural y Artes, con cuyo pretexto declaman a favor de sus máximas y de una Filosofía Anti-Christiana, y se ha observado que así lo executan en los dos tomos del Diario de Física de París correspondientes al año de mil setecientos noventa, y aunque conforme a mis encargos, tiene el mi Consejo dadas repetidas providencias prohibiendo la introducción y curso en estos mis Reynos de *papeles sediciosos y contrarios a la fidelidad debida a mi Soberanía, a la tranquilidad pública y al bien y felicidad de mis vasallos,* especialmente en la orden circular de cinco de Enero y Real Cédula de diez y siete de Septiembre de este año, *debiendo contener ahora determinadamente la entrada y curso de dicha obra,* de que mi Real orden ha pasado un exemplar al mi Consejo con las prevenciones convenientes el Conde de Floridablanca, mi primer Secretario de Estado; ha acordado, según ellas y mis anteriores encargos, expedir esta mi Cédula. Por lo qual prohibo la introducción y curso en estos mis Reynos de los dos tomos del Diario de Física de París correspondientes al año de mil setecientos noventa, y de los que en adelante se publiquen de la expresada obra, *y de qualesquiera otra en Francés* sin licencia expresa mía a informe de la Junta que destinaré para ello, imponiendo, como desde luego impongo, a los introductores de dichas obras las penas de comiso, y doscientos ducados de multa por la primera vez, el doble por la segunda y de quatro años de presidio por la tercera, agravándose conforme a las leyes, según la intención y mayor malicia que se probare...[32]

La insignificante prohibición de dos tomos de un Diario de Física se convierte de hecho en la de *todo libro en francés*; fórmula que recuerda la que hace pocos años se usaba en los pasaportes, válidos para «Tánger y el resto del mundo».

El azar me hace reparar en un texto que es una inesperada prueba de la interpretación que he venido sosteniendo a lo largo de este libro. En la edición que Valentín de Foronda hizo en 1821 de sus *Cartas sobre los asuntos más exquisitos de la Economía política, y sobre las leyes criminales*, al dorso de la portada imprime la siguiente «Nota»:

La mayor parte de estas cartas se publicaron en el espíritu de los mejores diarios; el año de 1788. En el de 1789, se reimprimieron: como desde aquella época se fueron agarrotando más y más los pensamientos, no me atreví a hacer la tercera edición que hago en la actualidad.

Al comenzar el reinado de Carlos IV se hace todavía un enérgico esfuerzo por restablecer en todo su vigor la «tibetanización» de España, que desde el P. Feijoo al P. Andrés se había intentado —de manera para mí tan conmovedora— superar.

32. *Real Cédula de S. M. y Señores del Consejo*, por la qual se prohíbe la Introducción y Curso en estos Reynos de los dos Tomos del Diario de Física de París correspondientes al año de mil setecientos noventa, y de los que en adelante se publiquen de la expresada Obra, y de qualquiera otra en Francés, sin licencia de su Magestad. Año 1791. En Cádiz: En la Oficina de Don Pedro Gómez de Requena, Impresor mayor por su Magestad: Plazuela de las Tablas. (Subrayados míos. Es significativo que se hiciera impresión aparte en Cádiz, puerto de entrada de tantas mercaderías extranjeras.)

Un manuscrito de 1773

Hemos visto una serie de posiciones sobre España, su condición dentro de Europa y su situación en el tiempo desde que Cadalso recogió las desdeñosas observaciones de Montesquieu y les opuso, en 1772, ponderadas reservas, hasta comienzos del reinado de Carlos IV. He ido examinando una serie de testimonios, algunos de ellos mal conocidos o enteramente olvidados, que muestran variaciones significativas de la idea de España en el siglo XVIII y, lo que importa todavía más, del proyecto de vida colectiva que tenían los españoles en esos dos decenios.

Ahora tenemos que volver atrás, justamente al comienzo de esta historia, para presentar un texto de importancia, en mi opinión, superior a todo cuanto llevamos visto, y que, por extraño que parezca, no ha dejado huellas, o al menos yo no he sabido encontrarlas. Se trata de un manuscrito, que poseo, de escritura de la época, unido a otros de los mismos años, que —hasta donde llega mi conocimiento— no ha sido nunca impreso y del que no he encontrado ni la menor referencia, ni en escritos del siglo XVIII ni posteriores, ni siquiera en algunos libros de amplia y excelente erudición dedicados al estudio de los problemas a que ese manuscrito está dirigido.

Es un comentario a Cadalso; concretamente a la crítica que éste hizo de Montesquieu en *Los eruditos a la violeta*, y que examiné en detalle al comienzo de este estudio. Se titula «Comentario sobre el Doctor festivo y

Maestro de los Eruditos a la Violeta, para desengaño de los Españoles que leen poco y malo». Hay una indicación precisa de su autor: «Por Pedro Fernández», y de su lugar y fecha de composición: «Sevilla, 28 de enero de 1773.» En cuanto a su «temple» y propósito, puede orientarnos un lema que acompaña a su título: «*Amicus Plato, sed magis amica Veritas.*»

¿Quién era Pedro Fernández? No es fácil saberlo. Se podría pensar que fuese un nombre efectivo y no un seudónimo, pero hay un pasaje del texto que indica claramente que el autor escondió su verdadera identidad: «Conténtate con mi Nombre y Apellido redondos, que es lo que te basta para que sepas que soy Cristiano y Español; para qué quisieras saber en qué Colegio debía haber estudiado y no estudié; qué empleos pretendí y no merecía; qué Cargos obtuve y no cumplí; en fin, qué títulos me hinchan, sin hacerme ni más sabio, ni más grande, ni más bueno. Cree que no he sido Seminarista de alguna secta; que no soy de otro partido que el de la verdad, que, sin duda, es el menos numeroso, pero el más pacífico, porque no se trata de Personas.» Antes ha dicho: «Cree que soy Español de cuatro costados.» Tenemos que pensar que Pedro Fernández es sólo «Pedro Fernández». ¿Quién se ocultaría tras este nombre vulgar?

Lo había hecho, en su ya lejana juventud, el P. Isla. En defensa del P. Feijoo y del doctor Martínez escribió unas *Glosas interlineales* contra don Diego de Torres, «puestas y publicadas con el nombre de el Licenciado Pedro Fernández».[1] Pero es extremadamente inverosímil que el P. Isla fuese el autor del manuscrito que aquí edito. Varias razones se oponen a ello. Una de ellas, el estilo literario. Aunque el P. Isla no tenía mala pluma, y no le faltaba garbo e ingenio, y en algunas ocasiones una inesperada dignidad envolvía sus frases —sobre todo cuando se refería, sobria y varonilmente, a los reveses de su fortuna—, tenía una tendencia difícilmente contenible a lo excesivamente familiar, chocarrero y en ocasiones con una punta de chabacanería; la dignidad literaria de este

1. «Glosas interlineales, puestas y publicadas con el nombre de el Licenciado Pedro Fernández, a las Postdatas de Torres, en defensa del Dr. Martínez y del Teatro Crítico Universal, etc.» En la *Colección de papeles crítico-apologéticos*, que en su juventud escribió el padre Joseph Francisco de Isla, de la Compañía de Jesús, contra el Sr. Don Pedro de Aquenza, y el Bachiller Don Diego de Torres, en defensa del R. P. Benito Gerónimo Feyjoó, y del Dr. Martín Martínez. Con licencia en Madrid, Por Pantaleón Aznar, año MDCCLXXXVII.

manuscrito es muy superior; tiene mayor compostura y tono, a pesar de su frecuente ingenio; un estilo más levantado y elegante, menos «eclesiástico», yo diría más positivamente *civil*. Por otra parte, también es más civil lo que pudiéramos llamar su mentalidad; no quiere esto decir que no pudiera ser un sacerdote o un religioso —por ejemplo, el P. Andrés no está demasiado lejos de él en este aspecto—, pero difícilmente el P. Isla; concretamente, «Pedro Fernández» muestra un entusiasmo por el pensamiento de los ilustrados franceses y una comprensión de ellos que sería mucho pedir de un religioso de la generación de Isla. Finalmente, las circunstancias biográficas de éste hacen muy improbable que conociera el libro de Cadalso en fecha tan temprana, a los pocos meses de haberse publicado, y se ocupara de él: desterrado desde 1767, refugiado desde poco tiempo antes en Bolonia, aunque todavía no había sido encarcelado y luego confinado en Budrio por orden del cardenal Malvezzi, ¿había de haber recibido *Los eruditos a la violeta* con calma suficiente para escribir un largo comentario? Y ¿por qué habría de fecharlo en Sevilla? Para añadir una razón más contra esta hipótesis, en aquel momento los jesuitas expulsos estaban en una actitud de apologistas, en respuesta a los ataques contra la literatura española de los también jesuitas italianos Bettinelli y Tiraboschi, y el papel de «Pedro Fernández» es precisamente una advertencia contra los riesgos de las apologías.

El seudónimo «Pedro Fernández» fue también usado, con diferente título académico, por Tomás Antonio Sánchez, gran erudito y primer editor del *Poema del Cid*; firmó algunos escritos polémicos o satíricos como «el Bachiller Pedro Fernández»;[2] pero tampoco consta que se ocupara del tema de este manuscrito ni se ve razón por la cual hubiera de escribirlo o fecharlo en Sevilla.

Por último, he encontrado una mención de «Pedro Fernández», sumamente pertinente, pero, por desgracia, muy poco orientadora. En un artículo anónimo titulado «Reflexiones contra la malignidad de los Críticos de estos tiempos» y dirigido a los redactores del *Espíritu de los mejores diarios*, de 1788, se dice:

---

2. Véase Sempere y Guarinos, *Ensayo de una biblioteca española de los mejores escritores del reinado de Carlos III*, V, p. 99.

Ya se acabaron aquellas sales Aticas, aquel agridulce chiste Castellano, aquel estilo ligero, festivo y encantador de que hay tantos ejemplos en nuestra lengua y en que tan agradablemente se mezclaba el *ridiculum acri* de Horacio. ¡Ah buen Bachiller Pedro Fernández! ¡Tú eres acaso el único que ha producido nuestra época digno de ser propuesto por modelo a tus coetáneos! ¡Tú solo eres capaz de ejercitar la crítica a vista de tanto frenesí filosófico, de tanto orgullo científico, de tanta vaciedad, de tanta sandez, tanta niñería literaria! Pero tu pluma se desdeña de salir a campaña entre tantos ruines Pigmeos, y sólo se muestra alguna vez en favor de la verdad desvalida.[3]

Hay una frase del manuscrito sumamente interesante y que podría dar alguna pista; a continuación de las palabras que antes cité vienen otras muy significativas:

Cree que soy Español de cuatro costados; pero como el Cielo piadoso me ha hecho el beneficio de hacerme vivir bajo de un Soberano y de un Gobierno que se hacen amar antes de hacerse obedecer, no puedo perder la admirable ocasión de anunciar, con toda la boca abierta, que *viene el buen tiempo*. Brujuleemos, si aparecen algunos Astros, ya que *se disipó el mayor nublado*. Este papelito *es una arriesgada tentativa, es la Paloma que envío a la descubierta; mas yo recelo que las aguas no han bajado mucho y que habrá de volver al Arca sin haber hallado dónde plantar el pie*.[4]

¿A qué podría referirse este pasaje? A alguna crisis o persecución, probablemente; pero queda en sombra si se trata de algo general o bien restringido a un grupo o al propio individuo que escribe. En España no había habido más alteraciones graves que el motín de Esquilache en 1766 y la expulsión de los jesuitas en 1767. Si el autor fuera uno de éstos, la cosa sería justificada, aunque menos explicable que se fechara en Sevilla —a no ser un deliberado intento de hacer borrosa esa condición—. A consecuencia del motín de Esquilache fue detenido don Luis José Velázquez, Marqués de Valdeflores, hombre muy culto, buen escritor, erudito, autor de numerosas obras, que pudiera haber escrito las frases citadas, ya que pasó varios años en diversas prisiones y había sido libertado

3. *Espíritu de los mejores diarios*, núm. 131, 2 de junio de 1788, pp. 11-12.
4. Subrayados míos.

precisamente a comienzos de 1772. Sempere y Guarinos escribe:

> En el año de 1766 fue arrestado de orden de S. M. en la casa de la Marquesa de la Vega de Santa María, donde moraba; fue conducido al castillo de Alicante, y después al de Alhucemas, y últimamente devuelto en libertad a su patria por Enero de 1772, en donde murió el mismo año de un insulto apoplético, hallándose retirado con su Madre y hermanos en una casa de campo a una legua del pueblo.
>
> A su arresto en Madrid se le embargaron todos sus libros y papeles, y aunque al tiempo de su libertad se mandó por S. M. que se le volviera cuanto se le había embargado, se extraviaron muchos de los manuscritos.[5]

Sempere da una relación muy detallada de los escritos impresos de Velázquez, con largas citas de algunos de ellos, y luego añade este párrafo, de particular interés:

> El Señor Velázquez no tuvo solamente el mérito de la erudición, sino también el del ingenio, y una facilidad y soltura admirable en el estilo, del cual dio buenas pruebas en el papel intitulado *Colección de diferentes escritos relativos al Cortejo, con notas de varios, por Liberio Veranio, recogidos por D. Luis de Valdeflores. Sexta edición. Llena de más verdades inútiles que la primera; de más alegorías infructuosas que la segunda; de más nadas agradables que la tercera; de más frioleras chocantes que la cuarta; de más cosas originales que la quinta. En Cortejópoli. En la Oficina de Lindo Nonito. Año 64 de la Era Vulgar del Cortejo a la Francesa. Con licencia, que el Autor tiene de sí mismo, para decir con inconsiderada elegancia las verdades del día.* Se imprimió la primera vez en 1763 y reimprimió en el de 1764. Los escritos contenidos en esta colección son los *Elementos del Cortejo.—Ejercicio de los Nuditos.—Apología de los Elementos del Cortejo.* Es una sátira muy fina, no solamente contra las ridiculeces que lleva consigo lo que llaman *Cortejo*, sino también contra las costumbres del día; abuso del poder, &c, lo cual probablemente dio motivo a las persecuciones que padeció después, por habérsele creído reo de los papeles sediciosos que se esparcieron cuando sucedió el motín del año de 1766.[6]

5. *Ensayo*, VI, pp. 140-141.
6. Ibíd., pp. 151-152.

Después, Sempere enumera una lista de manuscritos del marqués de Valdeflores. Pero ninguno de ellos corresponde al que aquí nos interesa; y, por otra parte, si es cierto que murió «el mismo año» 1772 en que fue puesto en libertad, no pudo firmar este papel en enero del año siguiente; todas las obras en que he encontrado referencias a Velázquez dan la misma fecha de su muerte, pero muy probablemente la toman de Sempere, y en éste no parece tener excesivo rigor; pudo morir de repente algo después, a tiempo de haber escrito este comentario a Cadalso; su ingenio, independencia y espíritu crítico harían verosímil esta conjetura; pero no pasa de ser eso, una conjetura, pues falta toda prueba documental.

En cuanto a los jesuitas, el que más próximo parece a la mentalidad de «Pedro Fernández» es el P. Juan Andrés, de quien he hablado largamente en este estudio; pertenecía a la misma generación que Cadalso —un año mayor que éste—, y a pesar de encontrarse desterrado en Italia, tuvo sin duda oportunidad de conocer pronto *Los eruditos a la violeta*, ya que fue durante muchos años bibliotecario. Algún detalle más haría pensar en el P. Andrés como posible autor de este manuscrito; aparte de su moderación, su patriotismo crítico y enemigo de hipérboles,[7] su comprensión del siglo en que vive y su entusiasmo por él, se encuentran en su obra minucias coincidentes con algunas de este manuscrito; por ejemplo, el entusiasmo por Trembley, el naturalista que estudió los pólipos de agua dulce. El P. Andrés dedica cinco páginas de su libro a los pólipos, y empieza con estas palabras: «Será inmortal en los fastos de esta ciencia el nombre de Trembley por los gloriosos y útiles descubrimientos que ha hecho sobre los pólipos.»[8] Y luego continúa:

La naturaleza con las diligentes fatigas de Trembley adquirió una nueva clase de seres no conocidos antes, y

7. El propio Tiraboschi, comparándolo con Lampillas, escribía: «L'Ab. Andrés era troppo saggio e prudente per lasciarsi trasportare a tai paradossi. E difende la sua Nazione con armi molto migliori, e ne è pruova la stessa modestia con cui egli scrive, che suol esser tanto maggiore nelle letterarie conteste, quanto piu dotto è il combattente. Io non vo dire con ció che l'Ab. Andrés mi abbia convinto; dico che la causa degli Spagnuoli non potea difendersi meglio ch'egli ha fatto, e che *Si pergama dextra / Defendi possent... hac defensa fuissent.*» (Citado por Sempere, *Ensayo*, I, p. 112, nota.)

8. *Origen, progresos y estado actual de toda la literatura*, IX, p. 258.

tuvo un nuevo eslabón con que enlazar suavemente el reino animal con el vegetal en la preciosa cadena de los cuerpos naturales, y los filósofos con la obra del mismo han adquirido nuevas ideas de la animalidad, que antes hubieran parecido extrañas y absurdas, y han recibido nuevas luces para corregir y rectificar varias otras que se tenían por ciertas, pero aún no lo eran bastante, y un vasto campo para conseguir en varios ramos de la historia natural nuevos preciosos descubrimientos.[9]

Unos quince años antes «Pedro Fernández» había escrito, en un texto de pocas páginas:

Un tijeretazo oportuno que, poco años ha, un Filósofo, impaciente de observar y dudar, dio a un Animalillo informe (el Pólipo de agua dulce), que había seis mil años que el hombre no se dignaba observar, rasgó el velo que nos tenía tapado un nuevo mundo de verdades en el Reino Animal.[10]

Sin embargo, lo más probable es que el manuscrito fuese compuesto efectivamente en Sevilla, y por alguna persona del círculo de Olavide. En su casa se reunía por estos años lo más cultivado y activo de la ciudad: Olavide fue durante algún tiempo la figura más ilustre y espléndida de Sevilla, y tanto los naturales como los forasteros ilustrados —Jovellanos entre ellos— compartían su mesa y su tertulia. Por si esto fuera poco, el manuscrito contiene una referencia directa y sumamente elogiosa a Olavide y su obra de repoblación de Sierra Morena; refiriéndose a Montesquieu, dice así:

Tampoco se engañaba, en cierto sentido, cuando decía: que en España no había sino desiertos; dígalo un genio infatigable y hábil, que cinco años ha que trabaja para dar una Provincia más a la corona, poblando y cultivando el rinconcillo de uno de ellos.

Sería de evidente interés identificar al autor de este manuscrito, porque sin duda «Pedro Fernández» fue una de las mejores mentes españolas de su tiempo; espero que los eruditos —yo no lo soy— puedan hacerlo, y acaso

9. Ibíd., p. 259.
10. El «temple» desde el cual «Pedro Fernández» comenta el valor espiritual y aun religioso de los nuevos descubrimientos y la nueva manera de pensar se parece extraordinariamente al del P. Andrés en los pasajes que cité en el capítulo dedicado a su obra.

conozcan ya este texto, que en todo caso ha dejado tan pocas huellas que hoy resulta desconocido; no hay siquiera mención de él en el minuciosísimo libro de Cotarelo, *Iriarte y su época*, ni tampoco en la correspondencia de Cadalso, de aquellos años precisamente, que Cotarelo editó en *La España moderna* en 1895. No tengo que decir cuánto agradeceré cualquier información que los entendidos puedan darme.

Con todo, lo que me parece más importante es que en España, a principios de 1773, se ha pensado lo que este manuscrito dice: que una mente española había llegado a ese nivel de interpretación del destino nacional y de lo que significaba en Europa el siglo XVIII; porque esto quiere decir que muchas cosas que no habían de realizarse eran posibles en España hace ciento noventa años.

Transcribo a continuación [11] el texto íntegro de dicho manuscrito.

COMENTARIO SOBRE EL DOCTOR FESTIVO Y MAESTRO DE LOS ERUDITOS A LA VIOLETA, PARA DESENGAÑO DE LOS ESPAÑOLES QUE LEEN POCO Y MALO
Amicus Plato, sed magis amica Veritas.

Por Pedro Fernández.
Sevilla. 28 Enero de 1773.

Al Lector

Parece que te veo relamer aún los labios, de la miel que destiló la feliz pluma de un soldado, cuya boca es un panal de bella literatura: *Ex forti dulcedo.* Perdóname el que simbolice, porque hoy vengo a predicarte;

---

11. Modernizo ligeramente la ortografía del manuscrito, como suele hacerse en las ediciones modernas de obras del siglo XVIII, en todo aquello que no contribuye a matizar el texto. Me parece una puerilidad —más aún, una falsa exactitud— conservar servilmente todas las particularidades, por azarosas que sean, de un texto, aunque sean enteramente irrelevantes. Por ejemplo, ¿por qué transcribir «vigotes» cuando en el mismo escrito y aun en la misma página encontramos «bigotes»? Es como si en la impresión de un manuscrito actual hiciésemos constar que el autor había usado una u otra forma de *r*, había cruzado o no una *t*, o escrito, según los casos, la *z* corta o la *z* larga. En cambio, respeto el uso de las mayúsculas, porque revela ciertos matices afectivos y el «énfasis» que el autor —o la época— ponían en algunas palabras.

mas como mi misión no es del cielo, no espero convertirte. Si eres lego, no lo entenderás todo, aunque he procurado no espantarte con párrafos erizados de Griego, Latín, Inglés, Francés, &c. Si eres Docto, despreciarás un papelote que no arma disputas de la letra *H*, ni de la Patria de Homero, ni del *Quos Ego* de Neptuno a las olas agitadas, ni del Ossiris de los Egipcios, ni de las raíces del Hebreo, ni de las formas Aristotélicas, ni de las Muelas de Santa Apolonia, &c. Mas si eres sabio, si eres sensible, algo, algo aprobarás. Léeme, y prueba un papelillo amargo, que es confortativo.

Los Genios, Dios los da, la Gracia, es gracia, y está dicho todo. La ardiente ansia de decirte una docena de verdades, que si hoy no son, mañana podrán ser útiles, no me dio lugar de consultarme si tenía el don de decirlas.

Mi estilo no es donoso, florido ni festivo, porque no puedo contradecir mi temperamento. Perdóname el que trate cosas serias, y el mayor delito, de tratarlas con seriedad, porque soy muy escrupuloso, en esto de acomodar el tono al sentimiento. Yo he tomado el lenguaje de los que creen tener razón; no dudo, pues, ni tú debes dudar, que ésta esté de mi parte, porque yo sea uno, contra tantos. Ahora nueve siglos, un Obispo, no sé de dónde, presintió los antípodas; fue maltratado, como era consiguiente en aquellos tiempos; y seis siglos después, Cristóbal Colón, y Vasco de Gama, mostraron a su edad, y a todas las venideras, que, para que un hombre tenga razón, no es necesario que piense, no digo yo como una Comunidad, como una Provincia, como un Reino, mas ni como todo el Género Humano. Un Italiano, de ahora dos siglos, se puso a pesar aire, como quien pesa plomo; por poco sus Paisanos lo queman, como quien quema una paja; porque entonces aún no se podía creer que un hombre dijese verdad, y que todos los demás mintiesen. En fin, Lector amado, bien ves que no busco tu aplauso, ni tu dinero, pues no te adulo. Cree que soy Español de cuatro costados; pero como el Cielo piadoso me ha hecho el beneficio de hacerme vivir bajo de un Soberano, y de un Gobierno, que se hacen amar antes de hacerse obedecer, no puedo perder la admirable ocasión de anunciar, con toda la boca abierta, que viene el buen tiempo. Brujuleemos si aparecen algunos Astros, ya que se disipó el mayor nublado. Este papelito es una arriesgada tentativa, es la Paloma que envío a la descubierta; mas yo recelo que las aguas no han bajado mucho y que habrá de volver al *Arca*, sin haber hallado dónde plantar el pie.

Conténtate con mi Nombre y Apellido redondos, que

es lo que te basta para que sepas que soy Cristiano y Español; para qué quisieras saber en qué Colegio debí haber estudiado y no estudié; qué empleos pretendí y no merecía; qué Cargos obtuve y no cumplí; en fin, qué títulos me hinchan, sin hacerme ni más sabio, ni más grande, ni más bueno. Cree que no he sido Seminarista de alguna Secta; que no soy de otro partido que el de la verdad, que, sin duda, es el menos numeroso, pero el más pacífico, porque no se trata de Personas. Vale.

Al Catedrático de todas las Ciencias

Eruditísimo Catedrático y Doctor festivo (porque el siglo de Raymundo Lulo, tan bárbaro, como pródigo en dar títulos, no los apuró todos): Hoy tomo la pluma, sin saber por qué, tanto es verdad, que nosotros mismos ignoramos, muchas veces, el verdadero móvil de nuestras acciones. Tal, da una limosna a un mendigo, en medio de una plaza; y si se pregunta a sí mismo, no sabe si la vanidad, o la compasión, ha sido el motivo de aquella obra. Pero puedo asegurar a Vm. que no escribo contra su papel, ni contra su persona, por que amo siempre y venero a los que me instruyen; y no fundo la emulación en las disputas literarias, que casi siempre no han sido otra cosa que el desahogo del odio personal, la sangrienta tenacidad de los partidos y el borrón de una Nación civilizada. ¿Cómo yo, que deseo el bien y la ilustración de mi Patria, tendría la absurda temeridad de detener la marcha a un soldado que anda a paso redoblado, al ataque de sus abusos? Así hubiese Vm. atacado tantos otros, y más perjudiciales, que se han atrincherado y fortificado en nuestra Nación. Un Doctor, que ha sabido, con una extravagante idea, ridiculizar los Pseudo-Eruditos, es digno de emplear su pluma contra los Pseudo-Doctores, los Pseudo-E..., los Pseudo-T..., los Pseudo-F... ¡Ah! ¡Eruditísimo Catedrático, cuántas falsas ideas reinan, y aún triunfan, en el seno de una Nación, por otra parte, llena de ingenio, de fuego, de vivacidad y de incomparables talentos, que no sé qué fatalidad ha condenado a no ser tan útiles y fructuosos como pudieran! Mas ya veo, Amigo, que una mano sola no puede trastornar todas las aras del error.

Además, Señor Catedrático, como en este escrito voy corriendo a encontrar la verdad, nunca me detendría en el camino, en escaramuzas. Tengo bien presente el desengaño de nuestras bárbaras escuelas, que seis siglos ha que la buscan, seis siglos ha que caminan y, al cabo de la jornada, se hallan en el mismo sitio de donde habían partido; mas ¿cómo habían de arribar a su término, si, a cada paso, se detienen, en reencuentros, choques y guerrillas de humo? ¿Si nunca han tomado el camino real, si han abandonado la verdadera senda, para pasar siglos enteros en emboscadas, acechando enemigos fantásticos? Pero, ánimo y esperanzas. Catedrático eruditísimo, la augusta mano que no desdeña dirigir los surcos del arado, señalará el recto camino a la razón Española, que hasta aquí se ha extraviado.

Como yo no sé inventar títulos altisonantes o disonantes, para atraer lectores, he colocado el famosísimo renombre de Vm. al frente de este papel, para que, a tanto ruido, despierte la curiosidad del Público, si es que se hubiese dormido. Yo tenía gana de hablar, y no podía, *ex abrupto*, hablar claro al Lector, sin cebarlo y engañarlo. Eruditísimo Catedrático, lisonjéese Vm. de que sus dos eruditísimos e ingeniosos papeles: *Curso completo de todas las ciencias*, y su *Suplemento*, han tenido la fortuna de agradar a los mismos Eruditos a la Violeta, porque ninguno cree ser comprendido en este número; A los ignorantes, porque así se ven vengados de la superioridad que realmente tienen sobre ellos los Eruditos, que son muy pocos; Y, generalmente, a todos, porque aunque no todos entienden los enredosos rasgos de Horacio, ni las pinceladas brillantes de Racine, todos entienden y leen, con gusto, lo que les lisonjea.

La carta de un Viajante, del suplemento, ha hecho un bien, y ha hecho un mal: Ha hecho un bien, porque va a desterrar un abuso (ojalá en cada año se desarraigase uno, que ya tendríamos pocos); Ha hecho un mal, porque ahora no se pueden sufrir las gentes. Los Sabios, o los que son tenidos por tales, se han confirmado más orgullosamente en la persuasión de que todo lo saben o que saben lo que se debe saber; y el Pueblo ignorante o mal instruido se ha atrincherado más fuertemente, dentro de la preocupación perniciosa de que nuestra Nación se halla al nivel de las verdaderamente ilustradas. En esta carta ven estas gentes que Vm. se reviste del terrible y glorioso encargo de vengar la Patria, que imaginan mortalmente herida, por los tiros de un grande hombre; ven que Vm., como intrépido soldado Español, hace rostro a uno de los titanes que han bamboneado la tierra. La mayor parte de los Lectores creen, desde ahora, con una nueva jactancia, que nuestra Nación no tiene ridiculeces ni extravagancias, como si hubiera algún pueblo entero de ellas; que no hay que saber ni que escribir más que lo que supieron y escribieron nuestros antiguos Españoles; y ésta es la primera vez que oigo que los Discípulos no pueden sobrepujar al Maestro, y que una Nación no es perfectible; en fin, y lo que es más absurdo, que la España está bien cultivada y poblada, aunque, en medio de sus más ricas y fértiles Provincias, estos necios Panegiristas no hallen un sembrado, ni un Plantío, en seis leguas de tierra buena, que se está haciendo bocas, suspirando, por otras manos más laboriosas; Aunque no hallen un pueblo donde partir la jornada, y algunas veces, ni aun donde acabarla: mas sí, en su lugar verán, sin osar entrar en ella, una triste y horrenda venta, tan provista como las caravanseras de la Asia. Tal vez, ésta fue la causa porque Montesquieu no nos quiso visitar, habiendo paseado regaladamente toda la Europa. Si hubiese venido, no hubiera encontrado un camino, un puente, una posada; pero hubiera visto, con asombro, tantas obras sumptuosísimas, tantos establecimientos pródigos, sin haber servido para nuestro bien, ni para nuestra reputación; tantas fundaciones vanas, que con el nombre de Pías, la mayor parte, no han servido sino para la necia vanidad de sus Fundadores. No hay Nación que haya gastado con más profusión y con menos discreción el dinero. Sumas inmensas, en nuestras manos, no han producido, hasta ahora, alguna utilidad Real, a lo menos, ninguna General.

Volvamos, Señor Catedrático, a la carta de el Viajante; en ella, veo muchos cargos, y todos imputados a un genio de primer orden, a quien la Europa ha concedido el título máximo de Legislador de las Naciones, que las visitó y las estudió para ilustrarlas, como Platón; y no para reírse de ellas, como Demócrito; quiero decir al Presidente de Burdeos, el Barón de Montesquieu. Mas ya veo que algo se le ha de perdonar a un Hijo, que defiende su Madre: Ésta es fuerte, hermosa, discreta, hacendosa, todo lo es, para un Hijo enamorado. Gran guerra ha movido Vm. entre nuestro vulgo y este pobre Gascón, cuya persona debe ser respetable aun entre nosotros, y cuya cabeza ha dado más que hablar a los sabios que la de bronce de Alberto Magno.

Los Lectores que se han enfurecido contra este famoso Presidente deben saber que las Cartas Persianas se dirigieron a satirizar todos los vicios y ridiculeces de sus mismos Paisanos, y podrían consolarse un poco, si supieran que en esta misma carta, en que se ríe de los Españoles, dice: *Que aunque la casa de los Locos de París parece la mayor de la Ciudad, el remedio es muy pequeño para el mal. Que los Franceses encierran algunos locos en una casa, para persuadirse que los que están defuera, no lo son.*

También debemos todos considerar que en unas cartas de aquella naturaleza, un elogio nuestro hubiese sido una declarada mofa; y nosotros, en aquellos tiempos, aún aborrecíamos bastante a los Franceses, para darles motivo de satirizarnos.

El mismo Montesquieu, no olvidaría el diluvio de invectivas, tan groseras como sangrientas, contra sus Paisanos, con que algunos Escritores nuestros del siglo pasado inundaron el Público, prostituyeron la Prensa, y deshonraron su propia Nación. Hoy en día, las Naciones forman una confraternidad general, y aquellos sucios escritos nos demuestran que aquellos tiempos no habían alcanzado la última civilización; Pues convertían la noble emulación, que hoy reina entre los diversos Pueblos, en un odio recíproco, entre los Reinos y aun entre sus individuos.

Debemos, en fin, presuponer que este Crítico escribía sus cartas por los años de 1714, tiempo que, tal vez, justificaba algunas de sus proposiciones; y no en 1772, tiempo que hace, en alguna parte, la apología de Vm. más excusable. ¡Oh! ¡Cuán dichoso fuera yo, si pudiera justificar a Sócrates y desengañar a mi Patria! Yo le diría a ésta, entonces, que todas las Naciones tienen sus vicios y ridiculeces; y que nosotros conservamos muchas, porque aguardamos que los Extraños nos las censuren; las que nos han criticado los Compatriotas, se han corregido, en todo o en parte: Éstos son remedios cáusticos, que obscurecen, pero casi siempre sanan. No seamos tan delicados y melindrosos, por unos ultrajes de papel, que todas las Naciones reciben y desprecian. Procuremos, a fuerza de bellas acciones, tapar la boca a la maledicencia y abrirla a la envidia. Mientras nosotros, en el siglo pasado, nos esforzábamos a disparar, contra los Franceses, cruelísimas sátiras, que hoy nos cubrirían de rubor si se refiriesen; ellos se apresuraban a vivificar la agricultura, reanimar el Comercio, fomentar las Artes, y consagrar a Minerva el Santuario de las letras. Pasemos a otra cosa, Señor Catedrático, y veamos si la crítica de Montesquieu es tan infundada como las Gentes suponen.

I

Gravedad Española

Hay en todas las naciones ciertos usos, ciertas costumbres, tan indiferentes en sí mismas, que nunca pueden ser un objeto serio de la sátira. Cuando dice Montesquieu que, ahora setenta a ochenta años, llevaban los Españoles anteojos y bigotes, dijo, entonces, la misma verdad que si hoy dijese que llevaban sobretodos y sombreros triangulares. Esta pintura, ni siendo verdadera, ni siendo falsa, nunca nos puede agraviar. Cuando dice: que en aquellas dos cosas manifestábamos, no fundábamos, la gravedad nacional, ningún absurdo escribe, y de ningún modo nos puede ofender. ¿Acaso podemos negar que somos o, a lo menos, que éramos graves? Y ¿no es más glorioso ser graves que ser frívolos y veleidosos? La gravedad ha hecho obrar, a los Españoles, cosas grandes. La gravedad, casi siempre, es inseparable de la virtud; es el efecto de la integridad de los Magistrados, del honor bien ganado en los Militares, de la Piedad en los Sacerdotes, y de la incorruptibilidad en los Ministros. Cuando dice: que la gravedad es el carácter brillante, no la virtud característica de la Nación, no quiere significar, según mi corto entender, otra cosa sino la afectación exterior, con que querríamos lucir nuestro Carácter; éste, que no es más que cierta disposición habitual del alma, necesariamente se ha de manifestar en las acciones, en los dichos o en el porte, sea por el uso de los bigotes o de los anteojos, sea por la ufana muestra de barbas o de cabelleras.

Los Españoles de aquel tiempo, alguna vanidad fundarían en los bigotes, así como los de hoy la fundan en los erguidos peinados. Los Granaderos, como cuerpo de más respeto y gravedad, aún los conservan; y algunos, primero se dejarían arrancar una oreja que un bigote. Los anteojos mostraban una vista cansada en profundas lecturas; en unas narices estarían por necesidad, y en otras, por vanidad.

A la verdad, no sé cómo se ha abandonado una moda e invención tan cómoda, para parecer sabio, al Público, a poca costa. Hoy, a los Eruditos a la Violeta les cuesta más trabajo el parecer doctos. Tampoco el crítico habla de todos los Españoles universalmente, entonces ésta sería una moda o manía más general, así como hoy lo son otras.

Nosotros, los Hombres, nos podremos desprender de los objetos de nuestra vanidad, mas nunca de nuestra vanidad; cuando no la pongamos en los bigotes, la pondremos en los zapatos; cuando la quitemos de los zapatos, la pasaremos a los sombreros.

En tiempo de Carlos V, los Varones más condecorados de la Nación, traían unas barbas, como solitarios de la Tebaida; ¿les parecerá, a muchos, que pondrían poco cuidado y prolijidad en peinarse, asearse y agüearse aquellas dos pirámides trastornadas? Las Damas de aquellos tiempos, que ejercían su imperio sobre todo, no lo ejercían menos sobre las barbas, y no dejarían de encontrarlas ciertas cualidades de preferencia.

En fin, esta práctica de afeitarse la barba, o de dejarla crecer; de entregar a los aires largas melenas, como Absalón, o de pelarse, como un Bey de Berbería, son cosas muy indiferentes en sí mismas, aunque, una vez, Luis VII, Rey de Francia, pareciendo feo, a los ojos de su Esposa, por haberse cortado los cabellos, causó a su Reino tres siglos de crueles guerras, que hicieron derramar la sangre a más de cinco millones de Cristianos, entre Ingleses y Franceses. Además, cuando no tuviésemos vestidos sobre que imprimir nuestras fantasías y nuestra vanidad, también tendríamos modas; y las que ahora ·son benignas e indiferentes, entonces, tal vez, serían bárbaras y crueles. Los salvajes de la América, aunque tienen menos pasiones que nosotros, porque se han criado en menos necesidades, nunca han depuesto su vanidad, acaso porque es una pasión que nace de la concurrencia o reunión de algunos individuos; esto es, de ser un hombre mirado por otros. Así vemos, entre estos salvajes, los unos horadarse el cartílago de la nariz, los otros, achatarse la cabeza, los otros, redondeársela como una bola; los unos, cortarse tantas articulaciones de los dedos; los otros, partirse los labios, &c. Y todos, bajo la idea de perfección, o con el fin de ser mirados o admirados. Sin embargo, ha habido hasta aquí, entre nuestras Damas, cotillas y zapatos que parecían invenciones de los tiempos de los Dacianos y de los Rufinos.

II

Estoques y Guitarras

Cuando Montesquieu dice: que contamos por mérito especial el poseer un Estoque y el tocar, aunque sea mal, la Guitarra, no habla de todos los Españoles, porque no ignoraba que son infinitos los que fundan su mérito en cosas de mayor importancia; ni hablaba, tampoco, de Toreros y Barberos determinadamente. Hablaba de el común de los Españoles, que ni salían a la calle sin abrazar su estoque, ni sabían enamorar sin inquietar el sueño a los vecinos con su Guitarra. Tantos millares de Romances, que son las Iliadas del vulgo, donde canta Deificados los Facinorosos de su Patria, parece que fueron compuestos (y algunos, por tres ingenios) para ser acompañados con la Guitarra, aunque sea destemplada. Admiro, ciertamente, que se encuentre absurda esta pintura, cuando nuestros tiempos aún no la han desmentido. En Andalucía, sin hablar de la Mancha, Murcia y Extremadura, hay más espadas que hombres, y más Guitarras que familias. Paredes y rincones hay en muchas casas, que parecen atarazanas de armas blancas. Además, es menester saber que el Crítico incluía en esta pintura el Reino de Portugal, que tiene más hojas de espadas que de Árboles, y donde los Enemigos encontraron, una vez, treinta mil Guitarras en un campo de batalla que perdieron los Portugueses. En fin, nuestra Nación nada pierde en la verdad o falsedad de esta proposición.

En algunos países se llevan puñales, en otros, sables, y en otros, Dagas; en unos tocan el violín, en otros, la trompa, y en otros, la Gaita, y cada uno tiene su vanidad.

III

Cuando dice Montesquieu que en España se adquiere la nobleza en la ociosidad de una silla es en consecuencia de haber dicho antes que somos desidiosos, que aborrecemos el trabajo, que miramos como viles la industria mecánica y las artes, y como envilecidas las Personas que las profesan; y, por consiguiente, el que sabe pasar el día entero con los brazos cruzados, puede entroncar con los Godos. Montesquieu quiso decir, sin duda, que aquel holgazán, que no tiene una sangre tan limpia ni una probidad más acreditada que un excelente carpintero, pero que no compromete, como éste, la dignidad de sus manos, con un mecánico ejercicio, se reputa por un hombre de más mérito y de más consideración; Pasea la capa, toca la Guitarra, si sabe, o si no, empuña todo el día el taco, en la mesa de trucos, cuando pudiera empuñar una azada, y debiera empuñar un Remo; y se llama Dn. Diego, y el Ciudadano útil y tal vez necesario a la República, es señor Blas, o tío Pedro. Sabría muy bien el Crítico que Cristóbal Colón hubo de descubrir no menos que un nuevo Mundo, para que le llamasen, en España, Dn. Cristóbal; y que otros lo han conseguido después de venir de engañar o desollar sus habitantes.

De estos Nobles hablaba Montesquieu; de estos Dones postizos, de estos intrusos Caballeros, que no se conocen en otros Países; que en pudiendo blasonar que, ni ellos, ni sus padres no se humillaron a la industria mecánica, usurpan el primer lugar en los actos y Concurrencias públicas, sobre el Laborioso Artesano y el activo Labrador, en cuyos hombros descansa el Estado; de estos Nobles, de estos que, sin serlo, gozan las inmunidades, o vanidades, de tales, abundan más las Capitales, porque en ellas pueden, aunque no deben, vivir más gentes ociosas, esto es, más Personas inútiles y aun perjudiciales. ¿Hay alguno que ignore todavía el menosprecio con que se miraban entre nosotros el Comercio, las Artes y la Labranza? ¿Hay alguno que no sienta que no ha habido Nación culta donde las preocupaciones hayan sido más enemigas declaradas de su prosperidad?

El Crítico nunca podía haber hablado de nuestros verdaderos Nobles, ni retrató en su carta aquellos hombres cuyos generosos servicios han hecho Ilustres y Recomendables a la Posteridad. No podía ignorar las repetidas hazañas que poblaron antiguamente la España de Héroes, a los cuales hoy innumerables veneran, como cabezas de sus ínclitas estirpes; tampoco podía ignorar que si los Españoles no hubiesen ganado la nobleza sino sentados en las sillas, no hubieran sacudido a sus Paisanos tantas cuchilladas, en Italia y Flandes. Siendo esto así, no hablemos más en esta materia, porque yo quisiera poder hablar todo lo que Montesquieu calló o ignoraba; y es inútil justificar a un hombre que dijo la verdad, para todos los que la leen en mis ojos, y con mi dolor. Eruditísimo Catedrático, inculque Vm. en la cabeza de los Españoles dos verdades, no más: Diga a los nobles que, si tienen el derecho a los honores, también tiene el deber de las grandes y bellas acciones: A los Plebeyos: que el uno haga buenos zapatos, el otro, bellos sombreros; el uno, excelentes Paños, y el otro cultive bien la tierra; que ellos en esto tienen su honor, porque en esto tienen su deber; y a todos, que sean Justos, Humanos, Oficiosos, Activos, Aplicados, Fieles Vasallos y Hombres de Bien; que la virtud brilla en todos los puestos, y lo demás son bagatelas; que se esfuercen en hacer respetable su Nación, no con el vano orgullo de fantásticos títulos, ni con los pomposos panegíricos de las guapezas de nuestros tiempos Heroicos, cuando un hombre no podía hacerse célebre sino matando a muchos centenares; antes bien, con el concurso de todas las virtudes, que forman el verdadero Ciudadano.

IV

Malos Libros

Es verdad que Montesquieu, concediendo antes que en nuestra Nación se encuentran Entendimiento y Juicio, dice que no se encuentran en nuestros libros. Que no tenemos sino un libro bueno, que es el que ridiculiza a todos los demás; y que en nuestras Bibliotecas no se ven sino Novelas, de un lado, y libros Escolásticos, de el otro. Confieso que es decir mucho, y demasiado; y que si las Cartas Persianas no fuesen una Novela, sería esta pintura una blasfemia.

Nosotros tenemos libros buenos, y algunos, muy buenos; ojalá no tuviésemos más de éstos: no nos costaría entonces tanto trabajo el saber cuatro Definiciones, que no sabe el Pueblo, y que no necesita para vivir feliz y sano. Entonces, los que quieren hacer un buen uso de su razón y abrirle el teatro de los útiles conocimientos al hombre, no habrían de destruir todo el falso edificio que labró su juventud, a fuerza de perversas lecturas. Una noche soñé, porque yo sueño muchas de estas cosas, que un Príncipe, no sé dónde, había mandado quemar las siete octavas partes de los libros que existían en sus Estados para ilustrar a sus súbditos; pero que después su Ministro le dijo: Señor, ahora falta no dejar en los que quedan sino lo bueno y lo útil. Sin duda, el Viajante que informó a Montesquieu no había visto sino una biblioteca de rancioso gusto, una vez que dividía la colección de volúmenes en dos clases Góticas.

En la clase de Novelas, incluiría tantas obras de este título, monumento de la traviesa imaginación de los Escritores y de las laboriosas y trágicas aventuras de el amor antiguo, de este amor Platónico y sublime, cuyo vestido nupcial eran las escamas de acero y los broqueles, disputando, a punta de lanza, los sacrificios, o lo que es más heroico, la imagen de ellos; incluiría tantos millares de Comedias, sin haber cuatro perfectas y casi ninguna saludablemente fructuosa, porque, o nos lisonjean las costumbres que tenemos, o nos pretenden corregir las que ya perdimos; y pocas son las que no nos quieren hacer reír a expensas de la razón; que nos convierten los sentimientos naturales en metafísica; que no nos transportan de Lisboa a Constantinopla, con la celeridad de un Cometa; que no nos hagan ver, en el tiempo que gastó Agamemnón, para adornarse su cimera, todos los diez años de el sitio de Troya, y que no nos dejen el mal ejemplo de un lenguaje hueco, fanfarrón, difuso, afectado, y a veces violento; incluiría también, en esta clase, tantas Crónicas indigestas, sin gusto ni método, unas; sin exactitud ni verdad, otras; tantas historias pesadas o difusas, las que, casi todas, describen batallas, festines y Bodas Reales; y pocas pintan los hombres, las costumbres, la Legislación, los errores y las verdades: unas escritas por la lisonja, otras, por la pasión; unas por el miedo y otras, por la ignorancia; tantas vidas fabulosas de Capitanes insignes, que la estupidez, el partido y la credulidad tejió de prodigios y Fenómenos que la Naturaleza, siglos ha que nos dispensa; en fin, tantas vidas de Santos (con dolor debo confesarlo) que la impostura, la ignorancia o la indiscreta piedad llenó de fábulas y de maravillas. Entre los Escolásticos, contaría tantos gruesos volúmenes de teología contenciosa; tantos cursos de Filosofía fantástica, de esta algarrabía bárbara, que disputa sobre las palabras y abandona las cosas, confundiendo, muchas veces, metódicamente las ideas: de esta Filosofía, que es el ordinario alimento de espíritus temerarios y de juicios falsos: de esta Flosofía, llena de cuestiones frívolas y demasiado sutiles, indignas de ser agitadas e incapaces de ser resueltas: llenas de definiciones equívocas y vagas, y de guerras eternas, de Nombres, de Objetos imaginarios y de distinciones arbitrarias, de reglas complicadas y de principios no siempre ciertos; de esta ciencia, en fin, de las quimeras, que en lugar de haber adelantado el estudio de Dios, de el Hombre y de la Naturaleza, muchos siglos ha que lo atrasa y lo hace cada día más inaccesible; contaría también, en esta clase, tantos enormes librazos de Cánones, Complicaciones inmensas de cosas verdaderas, de algunas falsas y de otras disputables: tantos enormes volúmenes de Leyes, que han complicado y obscurecido la cosa más simple y clara del mundo, la Justicia; y tantos edificantes tratados de Moral, que años ha que se han declarado la guerra, para no convenirse jamás.

Desde luego, el Viajante no encontró en esta Biblioteca, tantos libros de Astrología, de Magia, de Alquimia y otras Diablerías, en memoria de que también fuimos bárbaros; ni tantos tratados de Astronomía, Geometría, Náutica, Táctica, Medicina, Maquinaria, Botánica, Farmacia, Agronomía, &c, obras más útiles en sus primeros tiempos que en éstos; entonces hubiera visto cómo hemos escrito sobre todo, y primero que sus paisanos en algunas materias; pero, hoy en día, podemos pasar más fácilmente sin estas obras, porque la masa de los conocimientos humanos ha fermentado, se ha acrisolado, se ha perfeccionado en este siglo; se ha derramado el espíritu filosófico, que todo lo ilumina; el espíritu

Geométrico, que todo lo calcula y ordena; el espíritu experimental, que todo lo analiza; el espíritu crítico, que todo lo examina y juzga; el buen gusto, que todo lo hermosea y escoge, y la sociabilidad, que comunica todas las luces; en fin, hoy el hombre y la Naturaleza han descubierto su pecho y sus secretos al Filósofo; y, si hemos de decirlo todo, y con todo el reconocimiento que merecen los Sabios modernos, Dios es más conocido; el Supremo Criador es más admirable, por las obras prodigiosas que ignorábamos. Un tijeretazo oportuno que, pocos años ha, un Filósofo, impaciente de observar y dudar, dio a un Animalillo informe (el Pólipo de agua dulce) que había seis mil años que el hombre no se dignaba observar, rasgó el velo que nos tenía tapado un nuevo mundo de verdades, en el Reino Animal. La magnificencia del sistema moderno del nuevo mundo ¿no nos engrandece nuestra alma, y la idea de el Divino Arquitecto? ¡Cuán estrecha y mezquina era la fábrica que de el universo nos descubrieron los antiguos! El nuevo lenguaje que hablan hoy las ciencias es una prueba clara de sus progresos y adelantamientos. Ptolomeo hablaba la lengua del Pueblo y Newton hablaba la del Astrónomo.

La antorcha de las ciencias ahuyentó, en fin, las tinieblas de la barbarie escientífica, peor que la misma ignorancia: en una palabra, el mundo es más viejo, y sabemos más. Dejemos las cuestiones de Antiguos y Modernos, desde que sabemos que nosotros seremos antiguos para los venideros, de aquí a trescientos años. Señor Catedrático, procure Vm. persuadir al común de sus Lectores, a quienes su carta del Viajante ha lisonjeado bastante, para mantenerlos contra las intenciones de Vm., en la perjudicial ignorancia y presumpción de que todo está dicho y hecho en su casa; que duden de ello un par de años; que salgan de sí, si no pueden de su País, en todo este tiempo, y que después me confiesen, con sinceridad, qué es lo que han visto viajando solos: esto es, sin preocupaciones. Si yo pudiera resolverme a creer que Vm. ignoraba cuánta es la ventaja de este siglo sobre los precedentes, en el uso de la Razón humana... Pero ¿qué? Vm. lo sabe, así como sabe también que nosotros somos de los que menos hemos contribuido para hacer la Europa moderna, tan superior a la antigua: mas la gloria de este todo cubre a todas sus partes. Hoy en día hay más luces dentro de París, y dentro de Londres, que en tiempo de Enrique IV y de Elisabeth había en toda la redondez de la tierra; hoy cuesta menos tiempo, y menos trabajo, el instruirse e iluminarse, porque tenemos modelo que imitar; porque

142

otros nos abren y construyen el camino; porque toda la Europa es una escuela general de civilización. Ahora setenta años, los Rusos leían en la Cartilla; y hoy, sus letras y conocimiento forman época, en los fastos de las Ciencias y las Artes. Acaso, algún día, las Musas huirían de las amenas orillas de la Seine, para ir a sentarse en las heladas márgenes de la Nerwa. Mas Pedro no lee más que insípidas crónicas; Juan, Anales indigestos; Pablo, Comedias famosas; Diego, maravillosas novelas; Antonio, vidas devotas; Bernardo, tratados de teología Escolástica; Vicente, cartapacios de metafísica bárbarogreca; y Bartolo no ha leído en su vida más que el Catón: sin embargo, todos éstos, con la más descerrada temeridad, se hacen jueces de nuestro siglo. ¿Cuál de éstos, pregunto yo, podrá, por sus lecturas ni por sus estudios, saber cuánto han adelantado las ciencias y las artes? El Español que no poseyese otro idioma que el de su cuna, ¿cómo podrá ni presumir el brillante estado del actual imperio de las Letras? Para estas gentes aún no se ha levantado el telón del gran teatro de Minerva. Señor Catedrático, si yo tuviera su feliz don de explicarse, desengañaría a estas gentes, y a otras, que son menos excusables, del común error de que todo cuanto se escribe, se piensa, se investiga y se descubre en la parte más ilustrada de la Europa ha sido bebido en nuestras fuentes. ¡O! ¡fuentes ingratas y falaces, tan copiosas para los Extraños, y para nosotros tan secas! ¿Cómo unos tesoros que han enriquecido los Forasteros no nos sacan de la miseria? Sí, mucho bueno tenemos, mas esto sólo no basta hoy para contentar un tiempo codicioso y delicado, que pide muchas cosas, y todas exquisitas. Los Antiguos escribieron mucho y bueno; mas no escribieron tanto, ni tan bien, que no dejasen a los venideros la gloria de escribir más cosas y de tratarlas mejor. ¿Cómo podría yo creer que Bacon, Descartes, Keplero, Newton, Leibniz, Wolfio, Galileo, Casini, Mairan, Nollet, Linneo, Reaumur, Haller, Buffon, Bertrand, Alambert, &c, fuesen unos plagiarios, que no han visto por otros ojos que los nuestros? Entre nuestros libros antiguos, se encuentran algunas cosas preciosas, ahogadas y envueltas con mil cosas despreciables: se leen ideas originales, mas aún poco luminosas: Bellas verdades, que han hecho descubrir otras nuevas, y que el Autor no previó entonces. No lo hemos dicho todo, hablemos claro: muchísimo más han dicho los Extranjeros, desde que, cien años ha, se han fuertemente aplicado a excedernos. Algunos Modernos han trabajado sobre pensamientos antiguos, de el modo que el Artífice trabaja el hierro bruto, que saca de la forja; con una barra de hierro, no tengo más que un pedazo informe de metal; mas el Artífice me da con ella Tijeras, Cuchillos, Compases, Relojes, Espadas, Cañones y hasta Grillos y Cadenas. La oveja ofrece su bellón; mas el Fabricante me da Calzones, Medias, Paños de Sedán y de San Fernando. Hay, pues, mucha diferencia, de rastrear vaga y confusamente, a la vacilante vislumbre de la duda, una verdad indigesta, a desenvolverla, ilustrarla, fijarla, hacerla incontestable y fructuosa a los Hombres. Dícese que los Antiguos Cartagineses conocieron la América; mas sólo Colón la pisó. Esto es verdad, aquello es conjetura. Hay mucha diferencia de decir que hay un nuevo mundo, a enseñar su lugar, y el camino, a los siglos futuros. El que descubrió el Imán estaba muy lejos de señalar la ruta al Almirante Drake, que dio la vuelta al mundo.

Estos supersticiosos amantes de todo lo que no se piensa y hace en su tiempo; éstos que creen poseer una Enciclopedia cuando leen sus grandes libros, con sus magnificentísimos títulos, son como los Musulmanes, que creen hablar todas las ciencias en su Alcorán, y, puestos en lugar del Califa Omar, hubieran también mandado quemar la Biblioteca Alejandrina. Ordinariamente, los que son incapaces de apreciar la Era presente se hacen los Apologistas de los tiempos pasados, porque no hallan otro modo de vengar su inferioridad. Es un efecto necesario de orgullo, de algunas personas, el despreciar todo lo que no poseen, y que afectan no ser preciso saber. La vanidad obliga a estos hombres, y a otros, a no ser tan sinceros y modestos, que confiesen que el método y estudio con que se habían adquirido la reputación de Doctos es falso y absurdo; y, por consiguiente, que se desprendan de sus propias ideas (cosa tan difícil como quemar su propia casa) para emprender una nueva carrera, o para confesar que no pueden emprenderla. Máxima que comprehende todas las profesiones, sin excluir la de las armas. Yo les disculpo y me duelo de su tenacidad, fortificada por el hábito; porque es indudable que una de las artes más importantes y más difíciles consiste en olvidar el mal que se ha aprendido. Estas gentes son perjudiciales a los progresos de las letras; la pereza de examinar las cosas y la presumpción de haberlas visto todas, les mantiene en la inefable preocupación de que todo está dicho y hecho; y en la arrogancia de predicarlo. Yo quisiera saber persuadir a los Españoles que creen que no hay más que saber, que lo que han leído en sus cartapacios, o lo que han oído en estas roncas guerras llamadas conclusiones, donde nadie quiere ceder el campo al enemigo, que vayan, por ahora, a buscar la luz entre los Extranjeros, mientras no les obligan, por los adelantamientos hijos de su emulación, a venirla a buscar acá. Por otra parte, debo advertir a los que, para vengarse de su inferioridad, vociferan que este siglo es de errores, que dicen verdad, porque todos lo han sido; y que, en apurándose los errores, aparecerá esta verdad desnuda, de que tantos hablan y que tan pocos han visto; que todos los siglos han tenido sus males, pero que los de la ignorancia son más funestos, porque son atroces y universales; y son irremediables, porque son creídos, y queridos como bienes: en fin, que cuando no tuviésemos luces, siempre habría errores, y entonces tendríamos un mal más.

No es buen modo juzgar una cosa, por los males que acarrea, si no se ponen en otra balanza los bienes que produce. Si yo quisiera referir los males y calamidades que ha causado la ignorancia, horrorizaría a los Lectores. Los mismos Reyes son los primeros interesados a creerlo así; pues saben que las luces han hecho más inviolables y sagradas sus Personas; más firme y voluntaria la obediencia de sus Vasallos; y más tranquilos los Estados. A lo menos, hoy vemos los efectos saludables de las Letras y de la sabiduría, hasta aquí objetos de pura curiosidad o de sutiles especulaciones. Hoy sí que se comienzan a gustar sus dulces frutos, sus beneficios reales: el bien de la Humanidad, hasta aquí poco atendida. ¡Qué revolución tan asombrosa ha habido en las ideas, en el espacio de medio siglo! Hasta ahora, parece que los hombres no habían pensado en emplear sus talentos para su propia felicidad. Los Soberanos, días ha que no se desafían, días ha que son Hermanos (ejemplo el mejor que nos han dado, desde que los hombres no podemos subsistir sin otro hombre, digno de que nos proteja, y de que le obedezcamos; y ejemplo el más eficaz, por venir de ellos); los Reinos ya han comenzado a serlo, y yo espero que presto los hombres nos daremos las manos. Este bien, hijo de la Sabiduría, no fue conocido de los siglos científicos de Scoto y de Pico de la Mirandula, ni de la antigua Grecia, con todas sus luces. Nuestro siglo, pues, es verdaderamente sabio, y la España lo es desde que ha hecho una grande acción, para serlo sin embarazo.

V

Honor de las mujeres

Dice el Crítico: Que los Españoles permiten a sus Mujeres que lleven los pechos descubiertos, mas que no permiten que se les vean las puntas de los pies; y, hasta aquí, no dice que los Españoles hagan consistir en esto el honor de sus Mujeres. Muchas cosas permiten los Maridos, que nunca pueden pensar que honren ni a ellos, ni a ellas.

No hablemos de usos, ni de modas, porque es hablar de la mar. El tiempo, que destruyó las Murallas de Babilonia, destruirá las Blondas, las Gasas, los Merlines, los Desabillés, las Escofias y los Turbantes. El autor sólo critica la oposición de opiniones en unos mismos hombres, que ponían, según parece, tanto escrúpulo y cuidado en que no se supiese que sus Mujeres tenían pies; y tan poco, en que se supiese que eran, o habían sido Madres. Hoy en día, sabría Montesquieu que nuestras Españolas tienen pies y piernas. El mismo dice que de sus Parisienas, ahora sesenta años, que por la elevación de sus tocados, tenían las caras en medio del cuerpo; y que los Arquitectos levantaban o ensanchaban algunas veces las puertas, según las mudanzas de las modas. Parece que este hombre profetizaba lo que habíamos de ver, en España, en nuestros días.

Sin duda, el Autor no hablaba de nuestras Abuelas, de aquellas tapadas, como Vm. dice, de aquellas amortajadas en vida, sin haber vivido, como muertas; pues causaban en sus tiempos vivas contiendas, combates y desafíos de moda, largos galanteos y pasiones eternas, que aún hoy, leídas en las Novelas, pasman nuestra ligereza e impaciencia. No se puede negar que las Mujeres han perdido una gran parte de su imperio, y de su valor, desde que se han descubierto y familiarizado con los hombres. Antiguamente, éstos se mataban por ellas, sin duda porque las conocían menos; Montesquieu, pues, hablaba verdad cuando, aún no ha muchos años, [decía] que, en España, reinaba la manía que ridiculizaba en su carta, porque tampoco hablaba del tiempo de D.ª Berenguela de Castilla.

Aquellos Lectores de la Violeta que no han leído con ojos filosóficos la variación y las extravagancias de las costumbres y opiniones de los diversos siglos y países, ni los del suyo, depongan su enojo contra Montesquieu, que no podía pintar nuestras ridiculezas, sin citar alguna; y sepan que a sus Paisanos les echó en cara todas las que tienen, que no son pocas.

VI

Despoblación y Desiertos

Es verdad que el Crítico dice: Que la España no presenta sino comarcas desiertas y campos arruinados. La proposición, así suelta y absoluta, no es verdadera; mas él la escribió como un hiperbólico contraste a la jactanciosa afirmación de muchos antiguos Españoles, de que el sol en su carrera nunca dejaba de iluminar países suyos; cuando debieran haber fundado su vanidad en tenerlos bien poblados y cultivados. Verdad importante, y llave de muchas verdades, que conoce nuestro Augusto y vigilante Monarca, justo apreciador de las cosas, desde que sus benéficos cuidados y paternal celo no conspiran sino al aumento de los hombres y a la cultivación de la tierra; dos cosas que constituyen la fuerza real y constante de un Soberano. La tierra, por sí, no tiene valor real, sino el que le quiere dar la mano gloriosa de el hombre.

Ochocientas leguas de la Siberia no valen el Cantón de Berne. La especie humana, dice un Moderno Escritor, es la única riqueza que no se puede representar por valores ideales. Cien celemines de Diamantes no producen una fanega de trigo; ni pueden resistir un destacamento Enemigo de cincuenta hombres. Todo el oro y la plata del mundo nada producen, independientemente de los hombres; y éstos lo producen todo, independientemente del oro y de la plata. Las riquezas de convención se envilecen, multiplicándose; y en lugar de aumentar la populación, la disminuyen, porque el lujo que acarrean es destructivo y absurdo. Así, se ven en México hombres que salen con unas hebillas de Diamantes en los pies, y se acuestan en la paja. Así se ven, en Roma, Abates soberbiamente vestidos de seda, comiendo en un Hospital y cenando en otro. En las Minas de Potosí y del Brasil, se ven hombres sin zapatos, y otros sin camisa. El trabajo, sólo, produce hombres, y los deja en la mediocridad dorada, porque hace a todos igualmente ricos. A ningún Estado le han dañado los muchos ciudadanos, pero les pueden dañar las muchas riquezas sin bastantes hombres. Dejo esta materia, porque es inagotable, y digna de más noble escrito y de pluma más autorizada. Yo sólo he insinuado estas tres verdades maestras, para aquellos Españoles que no leen ni se saborean sino con las magníficas pinturas de conquistas y triunfos, siempre caros a la Patria y a la Humanidad.

Parece que, hasta aquí, el corazón del hombre no

se ha exaltado sino en perjuicio de su especie. Hablo, también, para estos hombres que, antes de tomar la Gaceta en la mano, se informan si trae combates y Batallas, porque otras noticias, importantes para perfección de las ciencias y para alivio del Género humano, aunque sean la vivificación de los ahogados, o la preservación de los incendios, son bagatelas, indignas de ocupar su atención. Todos estos guapos quieren cuchilladas, quieren cañonazos, pero lejos de su casa. ¿Qué tristeza padecen estas almas indolentes, cuando no vienen relaciones de sangre? Hay hombres de éstos, que quisieran que toda Europa se pusiese en combustión, para divertir su curiosidad; y lo más absurdo es que esto se llama pasto racional. Pasemos a otra parte, Señor Catedrático, antes que me acabe de hundir.

Para refutar la proposición de Montesquieu, le opone Vm. el pujante estado de la Agricultura e industria de Cataluña, que en tiempo del Persa no era tan floreciente; la abundancia de la Huerta de Murcia, la fertilidad de la Andalucía; y los cosechones de Castilla la Vieja. Toda esta objeción, que es de un gran cuerpo, no me parece que falsifica la proposición del Crítico: Porque ni toda España se reduce al Principado de Cataluña que sólo forma una décima tercia parte de ella; ni la bondad y feracidad de la tierra de otras tres Provincias, donde la pródiga y espontánea fructificación de la Naturaleza ha hecho perder el amor del trabajo y de la industria, prueban la excelencia de la Agricultura y población de sus territorios; y mucho menos de el de las demás Provincias.

No me parece que se engañaba del todo el Crítico, cuando decía (y éste es el sentido de sus expresiones): Que en España estaba la Agricultura totalmente arruinada, en aquellos tiempos; pues vemos que en los nuestros aún no han podido reanimarla las sabias disposiciones de un ilustrado Ministerio, que continuamente acalora la industria rural, uno de los dos pechos que alimentan un Estado. Tampoco se engañaba, en cierto sentido, cuando decía: que en España no había sino desiertos; dígalo un genio infatigable y hábil, que cinco años ha que trabaja para dar una Provincia más a la corona, poblando y cultivando el rinconcillo de uno de ellos. No me quiero dilatar más sobre esta materia, porque es para nosotros un gran terreno por desmontar. Toda la boca nos llenamos del venerable nombre de un excelente Agrónomo que tuvimos más de dos siglos ha, y que ha sido, según muchos dicen, el Corifeo de los Agrónomos Romancistas. Bien pudo ser Herrera un gran Maestro, pero es cierto que no ha sacado grandes Discípulos. Tal vez es esto como la Música: los Franceses escriben, y los Italianos ejecutan.

VII

Eruditísimo Catedrático, perdóneme Vm. la temeridad de haber intentado ajustar la paz entre un Gran Hombre y el Pueblo. Nadie puede ignorar que, escribiendo el Crítico a principios de este siglo, pintaría las costumbres de la edad precedente de nuestra Nación, las que, a pesar de la nueva Dominación, resistieron el flujo y reflujo de los diversos Pueblos que, en aquellas turbulencias, empezaban a alterarlas.

Cuando el Crítico escribía sus cartas, tenía nuestra España una cara muy diferente de la que tiene hoy; acababa de verla en sus últimos alientos, de la Grandeza y Esplendor Austriacos; era entonces este Reino como un Árbol cuyas ramas, demasiado grandes, le habían quitado el jugo: era un cuerpo exhausto y calcinado, no digo muerto, porque el animoso Nieto de Luis el Grande le encontró parte de su antiguo vigor, para reanimarle; pero siempre sus ruinas respiraban Majestad, e infundían el respeto de su pasada grandeza; semejante a los fragmentos de los edificios de la antigüedad, que, desfigurados por la voracidad de los tiempos, aún admiran hoy al viajero por la imagen que ofrecen de sus soberbias fábricas. Ésta es una verdad histórica, y una pintura mía. No es una verdad de ahora ocho siglos. Muchos venerables Ancianos tenemos, que certificarían lo que han visto, si fuese posible que un viejo no panegirizase los tiempos pasados. Pero debe a todos consolaros que, bajo el Augusto trono de Carlos III, Monarca hecho para hacer su Pueblo feliz y sabio, empieza a gozar de una edad dorada: Mira el templo de Jano cerrado, el de Apolo, abierto, y venir a pasos largos la general prosperidad. Ésta no puede venir volando: la obra de perfeccionar una Nación es obra larga, y ordinariamente el Artífice que tiene la gloria de comenzarla, deja a otro la dicha de acabarla. No se cría un Pueblo como quien cría un muchacho, ni ocho millones de Españoles como veinte mil Lacedemonios.

Yo no creeré que los hombres juiciosos e instruidos que se dignen de leerme apelen de esta verdad, ni que ignoren que todas las Naciones han tenido sus visicitudes físicas y morales: Que todas han tenido su tiempo de esplendor y su tiempo de obscuridad; su tiempo de actividad y su tiempo de letargo, y algunas, de muerte; ni que la humanidad se haya perfeccionado, porque la perfectibilidad es el don más precioso que el Cielo concedió al hombre, para distinguirlo de los Brutos: y la colección de las Naciones, ¿es otra cosa que un hombre grande representado por muchos? Las ciencias ruedan el mundo, transmigran, prueban de todos los países; y cuando vuelven al que dejaron, vuelven más adelantadas.

Si alguna vez las ciencias se restituyen a la Gracia, desde donde el sable de Mahomet las arrojó a la Italia, ¿cuán ricas, cuán purificadas, cuán remozadas volverán? Muchísimos siglos ha que hay en el mundo las mismas ciencias y artes; mas la Astronomía del tiempo de Ptolomeo no es la del tiempo de Newton; ni la Física del tiempo de Averroes, la del tiempo de Nollet; ni la Náutica del tiempo de Marco Polo, la del tiempo del Almirante Anson; ni la Medicina del tiempo de Avicena, la del tiempo de Wans-Wieten; ni la Matemática del tiempo del Marqués de Villena, la del tiempo de Alambert; ni el Derecho de Gentes del tiempo de Luis XII, cuando el Astrólogo componía la Gaceta, el del tiempo de Luis XV, &ª.

Por tanto, no tienen razón nuestros Paisanos, de enfurecerse contra aquel que les diga que la España ha dormido siglo y medio. Acaso, porque un hombre que ha trabajado, merece descansar. Acuérdense que Carlos V despertó toda la España cuando, al ruido de su Artillería, se levantaron las Artes y los Artistas; las Ciencias y los Sabios; que su sucesor Felipe II hizo dar a la planta mucho fruto, de una vez; la desvirtuó, por decirlo así; y que estaba reservado un Felipe V para vivificarla. Acuérdense también que Francisco I, llamado el Padre de las letras, derramó sobre la Francia un rayo de la luz de Italia; mas que las menores edades de sus sucesores y el furor de las guerras que aquel Reino alimentó dentro de su vientre, cuarenta años seguidos, le sumergieron, casi segunda vez en el Caos; pero que, en fin, tuvo la dicha de tener un Luis XIV que lo reedificase, lo iluminase y perfeccionase. Acuérdense que los Médicis, recibiendo en un mismo día Embajadores de los Reyes y las Drogas de sus Factores, resucitaron las artes, las ciencias y el buen gusto, que había sepultado la mano exterminadora de los Hunnos y los Vándalos, azote de la civilización. Si corremos todas las Naciones, veremos verificadas todas estas mismas experiencias. Los viles habitantes de la Grecia, otras veces poblada de Héroes, que aún hoy son el objeto de nuestra admiración, estos mismos Griegos, que antiguamente dominaban dos veces el Asia, la una, delante de Troya, la otra, en los llanos de Arbela, hoy son más ignorantes que los mismos turcos que los abruman, y besan las cadenas de su servidumbre, sin haber tenido valor, en cuatro siglos, para sacudirlas. Acaso algún día saldrá de entre ellos un Libertador que los vengue de los insultos de nuestra superioridad; y se verá la Gran Bretaña, esta Isla libre y Filosófica, hecha otra isla Candía.

¿Qué diremos a todo esto? ¿Qué? Que nosotros hemos sido Grandes y hemos sido Pequeños; hemos sido Ilustrados y hemos sido Ignorantes; que cuando París y todo el Occidente eran bárbaros, nuestra Córdoba era el Emporio de las ciencias, entonces delicias de los Árabes; que el siglo XVI fue la edad más gloriosa y más brillante que ha tenido la España, cuando *Letras* y *Armas* formaban un manojo; y que después, cuando París y Londres erigían un alcázar a las sólidas ciencias, nosotros más nos atrincherábamos con las *Formas substanciales* y las *cualidades ocultas*. No nos abroquelemos con los Escudos y trofeos de nuestros Abuelos, porque son armas desusadas, desde que se pelea con otra Ordenanza. Añadamos, sí, a la obligación de imitarles, la actual facilidad de excederlos.

Es muy perniciosa toda opinión que nos mantenga en la desvanecida creencia, que no podemos ser mejores; y de que los antiguos trabajaron para su tiempo y el nuestro: que es lo mismo que decir que nos dispensaron de pensar y obrar bellas cosas. Esto sería sepultarnos en la indolencia y la pereza. Desarraiguemos estos dos males, que tal vez la lisonja de muchos Escritores Panegiristas habían hecho naturalizar entre nosotros. Siempre debemos pensar que valemos poco, para esforzarnos a valer mucho; y que podemos ser mejores que nuestros antepasados. Los turcos no se han tragado la Europa, tal vez, porque no han querido adoptar, de las demás naciones, el modo de vencerlas. Tanto es el poder y el daño de una tenaz adhesión a todo lo que no tiene otro mérito que el de ser antiguo; y de la estúpida persuasión de que lo que nos hizo respetables en un tiempo, nos ha de hacer respetables en todos. En otros tiempos, las Lanzas nos hicieron temibles en las campañas; y hoy las reservamos para Guardias del Monumento. En otros tiempos, los silogismos en *Dario* y en *Ferio* nos hicieron asombrosos, y hoy nos hacen ridículos. Mas ¿para qué cansarnos? Hemos mudado la fortificación de las Plazas, la construcción de los Navíos, las Armas y la técnica de las tropas, para ponernos en equilibrio con las demás Potencias; pero hemos dado en querer ser sabios con los mismos estudios y métodos con que hemos sido Bárbaros. No hay que esperar; nuestra Nación no dará un paso hacia adelante si no se rompe este talismán, que la tiene fascinada; si aún reina el falso método de estudios de los siglos ignorantes y querellosos: de aquellos siglos que, algunas veces, ensangrentaron la tierra e hicieron bambonear los Estados por la etimología o significación de una palabra que nadie entendía, y que después de entendida, nada importaba; si la Nación aún no cede sus rivalidades de cuerpo, sus predilecciones de Corifeos, sus partidos Escolásticos, sus odios personales y el orgullo de una vana ciencia, que todos pretenden poseer exclusivamente, al puro amor de la verdad, a la utilidad pública: esto es, si las Escuelas, o por mejor decir, los hombres, no quieren aún sacrificar su interés particular al interés general. Mientras vivamos así, no seremos verdaderos Españoles, verdaderos Ciudadanos ni verdaderos amantes de la Sabiduría.

No adelantemos el amor de la Patria hasta el amor de sus abusos; ni despreciemos las demás Naciones, pensando honrar a la nuestra. Yo, porque quiero a mi Patria verdaderamente, quisiera verla envidiada de todos los demás Pueblos; mas aguardemos con confianza, aquellos días colmados de la felicidad en que la Providencia haga triunfar la España contra estos secretos Enemigos de su prosperidad, para adornar, entonces, los Altares de la Patria con las ofrendas de la Justicia, de la Verdad y de la Sabiduría; y entonar gloriosos Himnos a la memoria de nuestros Augustos Bienhechores.

Eruditísimo Catedrático, deseo a Vm. dilatados años de vida, y de constante humor, para deleitar e instruir al Público.

Un nivel de la historia española

¿Qué significa este manuscrito de «Pedro Fernández»? Para mí, repito, lo decisivo es que este comentario a Cadalso fue pensado en España en 1773, a mediados del reinado de Carlos III, cuando el P. Juan Andrés, el propio Cadalso, Jovellanos y Goya andaban alrededor de la treintena, un poco más o un poco menos, en el punto de articulación de las dos generaciones decisivas del siglo XVIII. Lo que más me importa es lo que tiene de *nivel*, y hay que decir que es el más alto de todos los que aparecen representados en este estudio. Si se compara lo que unas cuantas grandes figuras españolas habían pensado en el espacio de veinte años —por eso he multiplicado los textos— con lo que contiene este manuscrito de desconocido autor, no puede menos de reconocerse que nadie había tenido en su tiempo una visión más amplia, profunda y justa del problema.

«Pedro Fernández» es hombre de saber nada común, pero ironiza desde las primeras líneas sobre la erudición. Es un escritor admirable, ágil, terso, más nervioso de lo que solían sus contemporáneos, con más gracia que Jovellanos y, al menos en ocasiones, más intensidad que Cadalso. Afirma enérgicamente la seriedad de su propósito y el valor de las convicciones independientes de un individuo: «Perdóname el que trate cosas serias, y el mayor delito, de tratarlas con seriedad, porque yo soy muy escrupuloso en esto de acomodar el tono al sentimiento. Yo he tomado el lenguaje de los que creen tener razón; no dudo, pues, ni tú debes dudar, que ésta esté de mi parte, porque yo sea uno contra tantos.»

«Pedro Fernández» critica a Cadalso; se va a oponer a las observaciones que éste había hecho contra Montesquieu; pero no va a iniciar una polémica. En aquel momento era uno de los géneros literarios preferidos de los españoles: la forma «convivencial» de los antiguos *vejámenes* del siglo XVII. Estas polémicas solían terminar muy pronto en la chabacanería, la agresividad y, en suma, la esterilidad. Nuestro autor no va a hacer nada de esto: es cortés, elogioso, comedido: «Puedo asegurar a Vm. que no escribo contra su papel ni contra su persona porque amo siempre y venero a los que me instruyen, y no fundo la emulación en las disputas literarias, que casi siempre no han sido otra cosa que el desahogo del odio personal, la sangrienta tenacidad de los partidos y el borrón de una Nación civilizada.» Respecto de España, su punto de vista es crítico, pero lleno de estimación y entusiasmo; es una nación «llena de ingenio, de fuego, de vivacidad y de incomparables talentos»; lo malo es que «no sé qué fatalidad» los ha condenado a no ser tan útiles y fructuosos como debieran.

Se siente además nuestro autor identificado con Cadalso en el mismo propósito: el ataque de los abusos, la corrección de los defectos españoles, la superación de las trabas y la apertura del país hacia el mundo real, hacia el futuro. España lleva demasiado tiempo perdiéndolo; la razón española —como dice con magnífica expresión— hasta aquí se ha extraviado y tiene que encontrar el recto camino. ¿No es éste el lenguaje del tiempo, que parece preludiar el de Kant?

Pero «Pedro Fernández» siente una sombra de inquietud: Cadalso ha criticado a Montesquieu por lo que en las *Cartas persas* había escrito de España. Ciertamente Montesquieu no tenía razón, y Cadalso lo ha tratado con respeto y mesura; pero, a pesar de ello, ¿no ha ido demasiado lejos? ¿No va a provocar entre los españoles la impresión de que las cosas están bien, de que España no tiene ridiculeces ni extravagancias, de que no hay que saber más de lo que supieron los antiguos españoles, de que hay prosperidad suficiente? ¿No destruye Cadalso su propio designio, tan crítico y renovador, al seguir la corriente de los panegiristas, por mucha pulcritud y moderación que ponga en ello?

Lo más sorprendente es quizá la conciencia histórica que se revela en este manuscrito, la apreciación de los supuestos generales y estilísticos de las *Lettres persanes* y de las circunstancias en que Montesquieu escribía. Señala el carácter satírico de su obra, el hecho de que se burla de los franceses también, de sus vicios y ridiculeces, y que en ese contexto un elogio de los españoles «hubiera sido una declarada mofa». Pero quizá esto no le parece enteramente convincente y agrega algo más persuasivo: Montesquieu escribe sus cartas —dice— hacia 1714; los españoles aborrecían entonces todavía bastante a los franceses, y lo habían mostrado en «un diluvio de invectivas»; por último, la situación de España era otra que la de 1773, cuando «Pedro Fernández» escribe a Cadalso. La hostilidad entre naciones le parece vergonzosa; los escritos en que se expresa muestran que no se había alcanzado «la última civilización». «Hoy en día —añade— las Naciones forman una confraternidad general»; la «noble emulación» que reina entre los diversos pueblos no tiene que ver con un odio recíproco.

Esto tiene enorme interés. Europa aparece como una confraternidad en concurrencia, en emulación; ambas notas son esenciales. Frente al aislamiento y al «cosmopolitismo» *a la vez*, frente a las formas negadoras de la realidad y, en una u otra forma, utópicas, nuestro autor afirma una Europa llena de tensiones *dentro de su unidad*. No hay en él huella de nacionalismo, no hay esa suspicacia aldeana de que todo nacionalismo está hecho: los «ultrajes de papel», las críticas o las sátiras, no importan; todas las naciones los reciben y los desdeñan. A veces encuentra admirables aciertos de expresión: «Procuremos, a fuerza de bellas acciones, tapar la boca a la maledicencia y abrirla a la envidia.»

Tiene también conciencia de que las naciones tienen *usos* que en sí mismos son indiferentes, y en los que no se puede fundar ningún agravio: «Hay en todas las Naciones ciertos usos, ciertas costumbres, tan indiferentes en sí mismas, que nunca pueden ser un objeto serio de la sátira.» La *gravedad española*, de que hablaba Montesquieu, no tiene por qué ocultarse ni rechazarse: ha hecho a los españoles obrar cosas grandes, suele ser inseparable de la virtud. El carácter, dice «Pedro Fernández», «no es más que cierta disposición habitual del alma», y se manifiesta en las acciones, en los dichos o en el porte. La vanidad se pone siempre en algo, pero ese algo varía y en sí mismo es indiferente. Barbas, bigotes, peinados, sombreros, todos los usos, desde los más refinados hasta los de los salvajes, nada significan por sí, ni son permanentes, ni nos pertenecen, ni a los españoles ni a ningún pueblo; lo constante es la pretensión que a través de toda esa variación se expresa: «Nosotros, los Hombres, nos podremos desprender de los objetos de nuestra vanidad, mas nunca de nuestra vanidad; cuando no la pongamos en los bigotes, la pondremos en los zapatos; cuando la quitemos de los zapatos, la pasaremos a los sombreros.»

Más interés tiene aún la consideración sobre la nobleza y la estimación de los diferentes estratos sociales. Montesquieu había dicho que en España se adquiere la nobleza sentado en una silla, y Cadalso le había contestado con suficiente energía; «Pedro Fernández» interpreta del modo más favorable posible, restringiéndola mucho, la afirmación de las *Cartas persas*: «Montesquieu quiso decir, sin duda, que aquel holgazán, que no tiene una sangre tan limpia ni una probidad más acreditada que un excelente carpintero, pero que no compromete, como éste, la dignidad de sus manos, con un mecánico ejercicio, se reputa por hombre de más mérito y de más consideración; pasea la capa, toca la Guitarra, si sabe, o si no, empuña todo el día el taco, en la mesa de trucos, cuando *pudiera empuñar una azada, y debiera empuñar un Remo.*» La repulsa del hidalgo vago es muy enérgica. «¿Hay alguno que ignore todavía el menosprecio con que se miraba entre nosotros el Comercio, las Artes y la Labranza? ¿Hay alguno que no sienta que no ha habido Nación culta donde las preocupaciones hayan sido más enemigas declaradas de su prosperidad?»

Nuestro autor no siente desdén por los verdaderos nobles, por los que han hecho tantos servicios y que, por cierto, no ganaron la nobleza sentados en sillas, pues no hubieran sacudido tantas cuchilladas a los paisanos de Montesquieu. Dejemos esto, que no es importante; hay que decir otras cosas de más interés: «*yo quisiera poder hablar todo lo que Montesquieu calló o ignoraba*». Y, dirigiéndose a Cadalso, resume en pocas palabras, conmovida y doloridamente, también con esperanza, un mínimo programa de vida española; permítaseme reproducirlo aquí, con algunos subrayados:

Eruditísimo Catedrático, inculque Vm. en la cabeza de los Españoles dos verdades, no más: Diga a los Nobles que, *si tienen el derecho a los honores, también tienen el deber de las grandes y bellas acciones*: A los Plebeyos: que el uno haga buenos zapatos, el otro, bellos sombreros; el uno, excelentes Paños, y el otro, cultive bien la tierra; que ellos *en esto tienen su honor, porque en esto tienen su deber*; y a todos, que sean Justos, Humanos, Oficiosos, Activos, Aplicados, Fieles Vasallos y Hombres de Bien; que *la virtud brilla en todos los puestos, y lo demás son bagatelas*; que se esfuercen en hacer respetable su Nación, no con *el vano orgullo de fantásticos títulos*, ni con los pomposos panegíricos de las guapezas de nuestros tiempos Heroicos, cuando un hombre no podía hacerse célebre sino matando a muchos centenares; antes bien, con *el concurso de todas las virtudes, que forman el verdadero Ciudadano*.

En el capítulo «Malos libros», el desacuerdo con Montesquieu es total —si se lo toma en serio—: «si las Cartas Persianas no fuesen una Novela, sería esta pintura una blasfemia». Pero la crítica de la cultura española que esboza «Pedro Fernández» tiene singular penetración. La juventud está perturbada por «perversas lecturas», y hay que destruir primero el falso edificio que han levantado, antes de construir algo mejor.

«Una noche soñé, porque yo sueño muchas de estas cosas —escribe—, que un Príncipe, no sé dónde, había mandado quemar las siete octavas partes de los libros que existían en sus Estados, para ilustrar a sus súbditos.» Novelas, comedias, crónicas indigestas —«casi todas describen batallas, festines y Bodas Reales; y pocas pintan los hombres, las costumbres, la Legislación, los errores y las verdades»: la lección aprendida en el *Essai sur les moeurs et l'esprit des nations*—, vidas de santos llenas de fábulas.

De la Escolástica habla con el desdén frecuente entre los ilustrados del siglo XVIII, desde el P. Feijoo, pero con más acierto y agudeza que casi todos, con expresiones felices: «Tantos gruesos volúmenes de teología contenciosa; tantos cursos de Filosofía fantástica, de esta algarabía bárbara, que *disputa sobre las palabras y abandona las cosas, confundiendo, muchas veces, metódicamente las ideas*... llena de cuestiones frívolas y demasiado sutiles, *indignas de ser agitadas e incapaces de ser resueltas*: llenas de definiciones equívocas y vagas, y de guerras eternas, de Nombres, de Objetos imaginarios y de distinciones arbitrarias, de reglas complicadas y de principios no siempre ciertos.» «Tantos enormes librazos de Cánones, Complicaciones inmensas de cosas verdaderas, de algunas falsas y de otras disputables: tantos enormes volúmenes de Leyes, que han complicado y oscurecido la cosa más simple y clara del mundo, la Justicia; y tantos edificantes tratados de Moral, que años ha se han declarado la guerra, para no convenirse jamás.»

«Pedro Fernández», al examinar la situación que se ha alcanzado en su tiempo, al poner ante la vista el *nivel* del pensamiento de la Europa a que se siente pertenecen, traza un cuadro admirable, una de las pocas páginas en que un español expresa el orgullo y el entusiasmo por una época que entiende como suya: «La masa de los conocimientos humanos ha fermentado, se ha acrisolado, se ha perfeccionado en este siglo; se ha derramado *el espíritu filosófico, que todo lo ilumina; el espíritu Geométrico, que todo lo calcula y ordena; el espíritu experimental, que todo lo analiza; el espíritu crítico, que todo lo examina y juzga; el buen gusto, que todo lo hermosea y lo escoge; y la sociabilidad, que comunica todas las luces*; en fin, hoy el hombre y la Naturaleza han descubierto su pecho y sus secretos al Filósofo; y, si hemos de decirlo todo, y con todo el reconocimiento que merecen los Sabios modernos, *Dios es más conocido; el Supremo Criador es más admirable, por las obras prodigiosas que admirábamos*... La magnificencia del sistema moderno del nuevo mundo, *¿no nos engrandece nuestra alma, y la idea de el Divino Arquitecto?*»

Todo esto no tiene en «Pedro Fernández» la forma de un simple, elemental entusiasmo por unos adelantos sorprendentes. Su conciencia histórica es extremadamente alerta. Se ha ido avanzando, «el mundo es más viejo y sabemos más». No se trata de una pueril cuestión de antiguos y modernos, tan interminablemente debatida en toda Europa en el siglo XVIII: «Dejemos las cuestiones de Antiguos y Modernos, desde que sabemos que nosotros seremos antiguos para los venideros, de aquí a trescientos años.» Y a la vez que la conciencia del tiempo, la conciencia de Europa como un todo, como una unidad superior: «nosotros somos de los que menos hemos contribuido para hacer la Europa moderna, tan superior a la antigua: *mas la gloria de este todo cubre a todas sus partes*». Se trata de una transformación de Europa, de la cual participan todos sus miembros; está superada la actitud, tan frecuente desde el siglo XVII y que reaparece periódicamente hasta nuestros días, de considerar que son «los otros» los que se ocupan de ciertos temas o cultivan determinadas disciplinas; que los europeos son «los extranjeros»; desde la jactancia, el apocamiento o el resentimiento, España no se ha visto aún enteramente libre de esa manera de ver la situación histórica; «Pedro Fernández», del modo más explícito, con insistencia y con esperanza, va mucho más allá y explica el mecanismo de la nueva situación.

«Hoy en día, hay más luces dentro de París, y dentro de Londres, que en tiempo de Enrique IV y de Elisabeth había en toda la redondez de la tierra; hoy cuesta menos tiempo, y menos trabajo, el instruirse e iluminarse, porque tenemos modelos que imitar; porque otros nos abren y construyen el camino; porque *toda la Europa es una escuela general de civilización*.» Todos los países de Europa pueden participar en ella, con tal de que quieran hacerlo y no se vuelvan de espaldas. Por ejemplo, los rusos... «Ahora setenta años —dice—, los Rusos leían en la Cartilla; y hoy, sus letras y conocimientos forman época, en los fastos de las Ciencias y las Artes. Acaso, algún día, las Musas huirían de las amenas orillas de la Seine, para ir a sentarse en las heladas márgenes de la Nerwa.» Mientras tanto, muchos españoles no leen más que insípidas crónicas, anales indigestos, comedias famosas, maravillosas novelas, vidas devotas, tratados de teología escolástica, cartapacios de metafísica bárbaro-greca, o el Catón; y «sin embargo, todos éstos, con la más descerrada temeridad, se hacen jueces de nuestro siglo». Y encima muchos creen que «todo cuanto se escribe, se piensa, se investiga y se descubre en la parte más ilustrada de la Europa, ha sido bebido en nuestras fuentes. ¡O! ¡fuentes ingratas y falaces, tan copiosas para los Extraños, y para nosotros tan secas! ¿Cómo unos tesoros que han enriquecido los Forasteros no nos sacan de la miseria?».

La actitud de «Pedro Fernández» no es negativa, y es esperanzada; pero distingue la realidad de los deseos y unos tiempos de otros. «Sí, mucho bueno tenemos, mas esto solo no basta hoy para contentar *un tiempo codicioso y delicado, que pide muchas cosas, y todas exqui-*

sitas.» «Los Antiguos escribieron mucho y bueno; mas no escribieron tanto, ni tan bien, que no dejasen a los venideros la gloria de escribir más cosas y de tratarlas mejor.» «No lo hemos dicho todo, hablemos claro; muchísimo más han dicho los Extranjeros, desde que, cien años ha, se han fuertemente aplicado a excedernos.» Adviértase que nuestro autor pone en la segunda mitad del XVII el comienzo del decaimiento de España y su superación por otros países. Y previene contra la confusión entre las conjeturas, adivinaciones, rastreos de una idea o una verdad y su posesión plena y fecunda. «Pedro Fernández» no está dispuesto a aquietarse —como se hacía un siglo después y todavía se hace con frecuencia— con unos vagos «precursores» españoles de las grandes ideas o las técnicas eficaces de Occidente.

El talento literario hace que el autor de este manuscrito encuentre expresiones sumamente agudas para describir la situación: «Estos supersticiosos amantes de todo lo que no se piensa y hace en su tiempo...» «Ordinariamente —añade—, los que son incapaces de apreciar la Era presente se hacen los Apologistas de los tiempos pasados, *porque no hallan otro modo de vengar su inferioridad.*» Hay que desprenderse de las propias ideas cuando son falsas, pero esto es «cosa tan difícil como quemar su propia casa». «Yo quisiera saber persuadir a los Españoles que creen que no hay más que saber, que lo que han leído en sus cartapacios, o lo que han oído en estas roncas guerras llamadas conclusiones, donde nadie quiere ceder el campo al enemigo, que vayan, por ahora, a buscar la luz entre los Extranjeros, mientras no les obligan, por los adelantamientos hijos de su emulación, a venirla a buscar acá.» No se trata de imitar, sino sólo de buscar la luz donde está: por ahora, fuera; pero sólo para volver con ella y prenderla de nuevo en el país.

En algunos pasajes, la valentía de la pluma de «Pedro Fernández» se iguala con la de su pensamiento; por ejemplo, en el espléndido párrafo que dice: «Por otra parte, *debo advertir a los que, para vengarse de su inferioridad, vociferan que este siglo es de errores, que dicen verdad, porque todos lo han sido*; y que, en apurándose los errores, aparecerá esta verdad desnuda, de que tantos hablan y que tan pocos han visto; que todos los siglos han tenido sus males, pero que los de la ignorancia son más funestos, porque son atroces y universales; y son irremediables, porque son creídos, y queridos como bienes; en fin, que cuando no tuviésemos luces, siempre habría errores, y entonces tendríamos un mal más.»

Y «Pedro Fernández» mira el futuro con ojos de confianza y entusiasmo; no ve peligros para el orden y la estabilidad, sino, al contrario, garantías para la seguridad de los Estados; el horizonte que se le ofrece, lejos de ser el de la perturbación y la ruina de la sociedad, es de paz y hermandad dentro de las naciones y entre ellas. «Los mismos Reyes... saben que las luces han hecho más inviolables y sagradas sus personas; más firme y voluntaria la obediencia de sus Vasallos; y más tranquilos los Estados... *¡Qué revolución tan asombrosa ha habido en las ideas, en el espacio de medio siglo! Hasta ahora, parece que los hombres no habían pensado en emplear sus talentos para su propia felicidad.* Los Soberanos, días ha que no se desafían, días ha que son Hermanos...; los Reinos ya han comenzado a serlo, y *yo espero que presto todos los hombres nos daremos las manos.*»

La crítica económica que Montesquieu hacía de España era exagerada e injusta; pero «Pedro Fernández» teme que Cadalso haya tomado demasiado en serio su hipérbole, respuesta a la jactancia de los antiguos españoles. «Pedro Fernández» considera que la verdadera fuente de riqueza es el trabajo, no las tierras ni el oro y la plata: «La tierra, por sí, no tiene valor real, sino el que le quiere dar la mano laboriosa de el hombre.» «Todo el oro y la plata del mundo nada producen, independientemente de los hombres; y éstos lo producen todo, independientemente del oro y de la plata.» «El trabajo, sólo, produce hombres, y los deja en la mediocridad dorada, porque hace a todos igualmente ricos.» Y, frente al belicismo —sobre todo el belicismo teórico de los que quieren oír contar batallas, de los que «quieren cuchilladas, quieren cañonazos, pero lejos de su casa»—, afirma la paz y los esfuerzos útiles.

Al mediar a favor de Montesquieu, al menos al hacer reparos a la crítica que de él había hecho Cadalso, «Pedro Fernández» ha intentando «ajustar la paz entre un Gran Hombre y el Pueblo». Sobre todo, quiere justificarlo con mentalidad histórica, explicar por qué pudo decir, en un tiempo que ya está bastante lejano, lo que dijo.

Cuando Montesquieu escribía «tenía nuestra España una cara muy diferente de la que tiene hoy; acababa de verla en sus últimos alientos, de la Grandeza y Esplendor Austriacos; era entonces este Reino *como un Árbol cuyas ramas, demasiado grandes, le habían quitado el jugo*: era un cuerpo exhausto y calcinado, no digo muerto, porque el animoso Nieto de Luis el Grande le encontró parte de su antiguo vigor, para reanimarle: *pero siempre sus ruinas respiraban Majestad, e infundían el respeto de su pasada grandeza*». Ahora, con Carlos III, «empieza a gozar de una edad dorada». Pero la prosperidad «no puede venir volando». «No se cría un pueblo como quien cría un muchacho, ni ocho millones de Españoles como veinte mil Lacedemonios.»

Las naciones han tenido tiempo de esplendor y de oscuridad, de actividad y de letargo, y algunas de muerte; hay perfección, y la perfectibilidad es el don más precioso del hombre; las ciencias transmigran por todos los países, y cuando vuelven, vuelven más adelantadas. El progresismo de «Pedro Fernández» no es inercial; no tiene fe en un progreso inexorable y seguro, sino en que *a última hora* prevalecerá, sin que esto excluya detenciones y retrocesos. Los españoles no deben enfurecerse contra el que les diga que España ha dormido siglo y medio. «Acaso, porque un hombre que ha trabajado, merece descansar.» «Nosotros hemos sido Grandes y hemos sido Pequeños; hemos sido Ilustrados y hemos sido Ignorantes.» Cuando todo el Occidente era bárbaro, Córdoba era el emporio de las ciencias; el siglo XVI «fue la edad más gloriosa y brillante que ha tenido la España»; luego, los españoles se abroquelaron en las nociones escolásticas «cuando París y Londres erigían un alcázar a las sólidas ciencias».

Su gran enemigo es «toda opinión que nos mantenga en la desvanecida creencia, que no podemos ser mejores». Éste es el peligro de los panegiristas. Lo más grave es la perpetuación de una mentalidad, unos estudios y unos métodos anacrónicos y sin valor, «el falso método de estudios de los siglos ignorantes y querellosos», que a veces ensangrentaron la tierra «por la etimología o significación de una palabra que nadie entendía, y que después de entendida, nada importaba». «Mientras vivamos así, no seremos verdaderos Españoles, verdaderos Ciudadanos ni verdaderos amantes de la Sabiduría.» «No adelantemos el amor de la Patria hasta el amor de sus abusos; ni despreciemos las demás Naciones, pensando honrar a la nuestra.»

¿Qué significa este texto? Sencillamente que en 1773, antes de que se iniciara la polémica entre los apologistas y sus adversarios, «Pedro Fernández» había ido más allá de sus términos, había comprendido históricamente el problema y había tomado posición con tanta perspicacia como mesura, con magnanimidad y rigor, con patriotismo y humor, con admirable conciencia de la unidad de Europa y del nivel del siglo, sin deslumbramiento ni provincianismo, con tanta dignidad española como veracidad y modestia. Para mí, este manuscrito es sencillamente ejemplar, porque nos revela lo que España podía realmente ser, lo que algunos no quisieron que fuera, lo que ciertas fuerzas muy determinadas sofocaron e hicieron abortar, sustituyéndolo encima en la memoria de los españoles posteriores por la imagen falsa de algo que nunca existió. No es casual, sino muy significativo, que este texto haya permanecido oculto y olvidado ciento noventa años. Quisiera pensar que sea también significativa su publicación al cabo de tanto tiempo.

La identificación de «Pedro Fernández»

En 1963, como parte esencial de mi libro *La España posible en tiempo de Carlos III*, publiqué un manuscrito inédito, fechado en Sevilla el 28 de enero de 1773, con el largo título «Comentario sobre el Doctor festivo y Maestro de la Eruditos a la Violeta, para desengaño de los Españoles que leen poco y malo». La firma de este manuscrito es evidentemente un seudónimo: Pedro Fernández. Este trabajo, amistosa y crítica epístola a Cadalso, es una pieza de sorprendente calidad e interés; a mi juicio, el texto más lúcido y penetrante sobre España que se haya publicado en el siglo XVIII.

En ese libro me planteé el problema de quién podría ser el autor del manuscrito. Analicé algunos caracteres de él, algunas afirmaciones de su autor, para sugerir que había algunas razones —todas insuficientes— para identificarlo con el P. Isla, con Tomás Antonio Sánchez, con el marqués de Valdeflores, con el P. Juan Andrés. «Con todo —añadía— lo que me parece más importante es que en España, a principios de 1773, se ha pensado lo que este manuscrito dice: que una mente española había llegado a ese nivel de interpretación del destino nacional y de lo que significaba en Europa el siglo XVIII; porque esto quiere decir que muchas cosas que no habían de realizarse eran posibles en España hace ciento noventa años.»

El verano de 1965 recibí una carta del profesor Nigel Glendinning, de la Universidad de Southampton, autor de un excelente libro sobre Cadalso y reciente editor de sus *Cartas Marruecas*, en que me anticipaba en fotocopia el texto de un artículo (publicado ahora en el *Bulletin of Hispanic Studies*, XLIII, 1966, núm. 4, pp. 276-283) que acababa de escribir, sobre el posible autor del manuscrito que poseo y había editado. Glendinning había descubierto por azar, trabajando en la Biblioteca Menéndez Pelayo de Santander, otra copia del desconocido manuscrito, encuadernada con otros materiales del siglo XVIII relacionados principalmente con Sevilla y el círculo de Olavide. El manuscrito no está firmado, pero en el mismo volumen hay una carta de la misma mano y que pone «Carta del mismo autor al M. R. P. M. Manuel Gil de los Ros. Ps. Clérigos Menores de Sevilla con el motivo que de ellos se deduce». El autor de esta carta es el escritor, erudito e historiador Antonio de Capmany y Montpalau, nacido en Barcelona en 1742 y muerto en Cádiz en 1813. Glendinning aduce bastantes razones a favor de la identificación de Capmany con «Pedro Fernández»: su condición originaria de militar, su estancia en Sevilla por aquellas fechas y su proximidad a Olavide, el haber estudiado con los jesuitas, ciertas similitudes de actitud en otras obras y en la carta al padre Gil.

> No había pensado, en efecto —escribí entonces a Glendinning—, en la posibilidad de que el autor del manuscrito fuera Capmany. La identificación de la copia que usted ha encontrado es un fuerte argumento, aunque no suficiente, pues el copista pudo creer que los dos trabajos eran del mismo autor y no ser así. No tengo aquí los escritos de Capmany y no tengo ocasión de examinarlos desde el punto de vista de su posible identidad con «Pedro Fernández». Algunas de las razones que usted aduce son bastante fuertes; en cambio, estilísticamente yo vacilaría. Claro que hay que tener en cuenta la mayor libertad que un autor tiene —y sobre todo, tenía en el siglo XVIII— al escribir privadamente; yo mismo he insistido mucho en esto a propósito de Moratín; de todos modos, habría que encontrar rasgos más parecidos a los del *Comentario* para tener suficiente seguridad. Un punto que me sorprende es la actitud del *Comentario* frente a los libros españoles, tan crítica y enérgica, que no me parece conciliable con la actitud pública, mucho más tradicional y conservadora, de Capmany. ¿No ve usted alguna dificultad en ello?

Ahora, inesperadamente, encuentro un nuevo y muy fuerte argumento a favor de la hipótesis de Glendinning.

En el libro de Francisco Aguilar Piñal, colaborador mío en el Seminario de Estudios de Humanidades, *La Real Academia Sevillana de Buenas Letras en el siglo XVIII* (Madrid, 1966), encuentro (p. 229) una cita de Capmany, tomada de *Disertaciones y discursos* (Arch. Acad. Hist. 11-3-182-34). Capmany dice así:

> Confesemos, señores, que la masa de los conocimientos ha fermentado, ha crecido y se ha perfeccionado en este siglo pensador. Se ha derramado el espíritu filosófico que todo lo ilustra; el geométrico, que todo lo ordena y calcula; el esperimental, que todo lo pesa; el crítico, que lo examina y juzga; el buen gusto, que lo hermosea y escoge; y el académico, que comunica todas las luces. Muchos problemas del hombre moral están resueltos por el hombre físico; y la gran naturaleza se ha analizado en esta prodigiosa escala de los seres. Hasta el mismo Criador Supremo se nos ha hecho más conocido por sus obras maravillosas que ignorábamos, y que hoy han revelado sus secretos al sabio.

Pues bien, este párrafo es casi literalmente uno de los del manuscrito publicado en *La España posible* (p. 200; en la reimpresión en *Obras*, VII, p. 408); la coincidencia, como puede verse, es tal, que toda explicación accidental queda excluida:

> ... la masa de los conocimientos humanos ha fermentado, se ha acrisolado, se ha perfeccionado en este siglo; se ha derramado el espíritu filosófico, que todo lo ilumina; el espíritu Geométrico, que todo lo calcula y ordena; el espíritu experimental, que todo lo analiza; el espíritu crítico, que todo lo examina y juzga; el buen gusto, que todo lo hermosea y escoge, y la sociabilidad, que comunica todas las luces; en fin, hoy el hombre y` la Naturaleza han descubierto su pecho y sus secretos al Filósofo; y si hemos de decirlo todo, y con todo el reconocimiento que merecen los Sabios modernos, Dios es más conocido; el Supremo Criador es más admirable, por las obras prodigiosas que ignorábamos.

Ambos párrafos son «el mismo»: variantes muy próximas del mismo fragmento. Salvo la improbabilísima hipótesis de la utilización de una fuente común, su autor es único. Poco menos improbable es la posibilidad de que Capmany hubiese reproducido unas líneas del manuscrito de «Pedro Fernández», o que éste hubiese utilizado un pá-

rrafo de Capmany. La identidad de ambos parece sumamente verosímil.

¿Qué significa entonces la distancia indudable que separa el manuscrito de 1773 de la figura pública de Capmany mucho más «conservadora», menos ilustrada, más
apegada a lo español, con un punto de recelo frente a lo
extranjero en algunas ocasiones? Además de la diferencia
que va de un escrito privado a uno público, creo que las
cosas se aclaran un poco si se tiene en cuenta la evolución frecuente de los ilustrados españoles del siglo XVIII
al pasar del momento de máxima esperanza —el reinado de Carlos III— a la zozobra, la inquietud o la decepción de tiempos de Carlos IV, más aún a la crisis preci-
pitada por la invasión napoleónica y la guerra de la Independencia.

La edición definitiva de la *Filosofía de la elocuencia* de
Capmany fue publicada en Londres en 1812, un año antes
de su muerte (cito la de Madrid, Imprenta de Sancha,
1842, «copiada literalmente conforme a la publicada por
él mismo, en Londres en 1812»). En su prólogo hay no
pocas cautelas y reservas respecto a la invasión de palabras, giros y pensamientos extranjeros en España. Pero
el de la primera edición, de 1777, muestra una actitud
mucho más abierta, esperanzada y libre, mucho más pró-
xima al manuscrito de «Pedro Fernández». Voy a dar algunos ejemplos.

> Nuestros Tribunales Supremos, los de Francia, e In-
> glaterra producen Magistrados sabios y zelosos, que en
> defensa de la justicia, de la propriedad civil del hom-
> bre, y del derecho de la Soberanía han hecho brillar la
> eficacia y gravedad de la eloquencia. Pero estos hom-
> bres viven con nosotros, hablan nuestra lengua, tienen
> nuestros defectos; y esto basta para no ser leídos, ni ce-
> lebrados.
> Los antiguos se miran en perspectiva: no son de car-
> ne y sangre a los ojos de la imaginación. Con el trans-
> curso de los siglos han depuesto todo lo grosero, y sólo
> ha quedado lo espiritual: el individuo en abstracto. Así
> alma, genio, espíritu, numen, talento son los signos con
> que se los representa la posteridad, ésta que halla hé-
> roes a los hombres que nunca lo fueron para su ayuda
> de cámara. Si pudiésemos leer el diario de la vida pri-
> vada de Alejandro, Demósthenes, César y Cicerón, ¿quán-

167

tas flaquezas, miserias y ridiculezes veríamos, que la historia civil abandonó a la mordacidad de los contemporáneos? Todos los sabios, políticos, y conquistadores empiezan a crecer a los cien años de enterrados, porque la muerte de los ofendidos, rivales, o envidiosos, sepultando en el olvido todo lo pequeño y personal de los famosos varones, deja solo el hombre público con lo grande, ruidoso, o importante de sus dichos y acciones.

Pido que estas reflexiones se me perdonen en obsequio de la verdad, y defensa de nuestro siglo, que muchos detestan con la misma justicia que celebran a los pasados. Por quatro osados sacrílegos, quatro impíos por vanidad, dignos de no hallar asilo ni sustento sobre la tierra, no se debe amancillar la gloria de una edad ilustrada, que acaso formará la época más memorable en los fastos de los conocimientos humanos. Borremos de la lista de los sabios a los que quieren pervertirnos; pero demos honor a los que con sus luces y doctrinas nos llenan de beneficios. (1777, pp. III-V.)

Nada de esto aparece en la edición posterior; en cambio, hay un breve párrafo defensivo y un tantico nacionalista:

Mi decidida afición a este género de estudios, el amor indeleble que profeso a nuestra lengua, y el dolor de ver que de algún tiempo acá se venden, para instrucción de la juventud española, *Cursos de bellas letras* y *Lecciones de retórica*, traducidas ya del francés, ya del inglés, en frase y gesto estrangero, ¿no son estímulos bastantes para vengar la lengua, la elocuencia, y la Nación? Yo es tiempo de servir a la Patria con puro y ardiente celo, que suple por el talento, y muchas veces hace hablar a los mudos. (1842, p. IV.)

No es sorprendente esta actitud en un momento de exaltación española, cuando se está defendiendo la integridad de la nación frente a una invasión extranjera. Pero no es esto sólo. Repárese en las diferencias de dos párrafos que aparecen en ambas ediciones, con significativas variantes:

La Cáthedra sagrada ha recobrado en España sus antiguos derechos: la persuasión evangélica, la sencillez apostólica, la energía profética, y la decencia oratoria, *a pesar de la obstinación de los esclavos de la costumbre, que fundan el amor de la patria en el de sus ridiculezes.* Tan feliz revolución, obrada en este mismo siglo, más se debe a los excelentes modelos, que siempre desengañan y enseñan, que a las amargas críticas, que irritan el corazón sin ilustrar el entendimiento. (1777, pp. V-VI.)

En la nueva edición hay cambios importantes. Donde decía «*decencia* oratoria» dice «dignidad». Toda la frase subrayada por mí se omite. La siguiente se modifica un poco: «Esta dichosa revolución cuya época apenas llega a cuarenta años...» Pero, sobre todo, se añade un párrafo lleno de reservas: «Mas también de aquí ha provenido un mal. Como los buenos modelos que se les han venido a las manos a los que se dedican al púlpito, al foro, y a otros oficios de la elocuencia, sean de autores franceses, les han comunicado el buen estilo, envuelto en la frase de la lengua original, tejiendo y cortando las cláusulas al uso de aquellos escritores; de suerte que lo que hemos ganado en la oratoria, lo hemos perdido en la pureza, propiedad, soltura y gala de nuestra lengua, tomando el estilo, formas y semblantes que no asientan a la locución castiza castellana.» (1842, p. V.) Y más adelante previene contra la invasión de galicismos en la lengua española: «No se escandalicen los lectores, criados desde su niñez en el lenguaje franco-hispano, si en los ejemplos de españoles rancios que ofrezco a sus ojos, cevados en otro pasto, no encontraren las palabras favoritas de la moderna moda, como *ser supremo, humanidad, beneficencia, sociedad, seres, sentimientos, detalles, etc.*, porque en aquellos tiempos no había desterrado de nuestra lengua los nombres de *criador*, de *Señor*, de *Altísimo*, de *Divino, Rector o Hacedor*, de *Omnipotente*, en fin, de *Dios*, pues parece afectación olvidarse de estas palabras que huelen demasiado a teología en el reynado de la filosofía...» (1842, p. X.)

En cambio, en la primera edición hay estos enérgicos párrafos en defensa de lo nuevo y del nivel histórico e intelectual del siglo XVIII:

Con respecto a la utilidad común, y a dilatar el distrito de nuestra propria lengua sale esta obrita en castellano. Pero espero que en el siglo décimo octavo, y en un libro que trata la elocución oratoria por un término nuevo, y con principios más luminosos de los que se solían leer en nuestras obras, me disimularán los antiquarios alguna vez la frase, y también la nomenclatura, desconocida en el siglo de los Olivas, y los Guevaras.

El lenguaje del tiempo de Elizabet en Londres, y de Carlos IX en París dista mucho del que hoy en el Parlamento de la Gran Bretaña, y en los templos de Francia mueve, enternece, e inflama los ánimos. Solo entre nosotros hay hombres, panegyristas de los muertos para despreciar cobardes a los vivos, cuyo gusto rancio halla en muchos libros viejos y carcomidos enérgico lo que solo era claro, correcto, lo que solo era puro, preciso lo sucinto, sencillo lo bajo, numeroso lo difuso, fluido lo lánguido, natural lo desaliñado, sublime lo enfático, y proprio lo que hoy es anticuado.

Es menester distinguir los tiempos, las costumbres, el gusto, el estado de la literatura, y la calidad de los escritores. Todas las lenguas han seguido este progreso, y de estas vicisitudes han sacado la variedad, y de ella su riqueza; pues si aun la syntaxis se altera cada cien años para acomodarse al gusto, ¿qué será el estilo? El autor que no quiere pasar por ridículo debe adoptar el de su siglo. En éste vemos que toda la Europa ha uniformado el suyo; y aunque cada nación tiene su idioma, trage, y costumbres locales, los progresos de la sociabilidad han hecho comunes las mismas ideas en la esfera de las buenas letras, el mismo gusto, y por consiguiente un mismo modo de expresarse. Únicamente los Turcos, que viven solos en Europa, conservan el lenguaje de su fiero Othman en testimonio de su barbarie, y la disciplina de Selim para descrédito de sus armas. En fin como yo no escribo para gramáticos, y fríos puristas, sino para hombres que sepan sentir y pensar, siempre que estos me entiendan, y aquellos me muerdan, mi libro no será un trabajo perdido. (1777, páginas XVII-XIX.)

Éste es sin duda el nivel del *Comentario* de «Pedro Fernández», tan probablemente idéntico con este vehemente español que fue el catalán Capmany. No se pueden leer sin melancolía los cambios de la primera edición a la última. Se pensará que al publicar la primera, Capmany tenía treinta y cinco años, y luego setenta. No estoy seguro de que se trate de la distancia entre estas dos cifras. ¿No será más bien de la que media entre 1777 y 1812? Creo percibir en la obra de Capmany ese desaliento que sobrecoge a la mayoría de los ilustrados españoles cuando pasan de Carlos III a Carlos IV o la Guerra de la Independencia —no digamos si llegan a Fernando VII—. De la época llena de esperanza en que el futuro parecía suyo, a aquella otra en que la Revolución francesa y su aprovechamiento por las fuerzas reaccionarias españolas han hecho que la Ilustración, sin haber acabado de llegar, sea ya cosa del pasado. La misma desesperanzada actitud que encontramos al final de las vidas de Jovellanos, Meléndez Valdés, Moratín. Desengaño de Europa, desilusión de España se mezclan amargamente en esas vidas que eran alegres llamas hacia lo alto cuando «Pedro Fernández» componía su enérgica y confiada llamada hacia el futuro.

El motín de Esquilache

1. Un Consejo de Guerra en 1766

Hace exactamente doscientos años ocurrió uno de los sucesos más extraños y peor interpretados de la historia española: el motín de Esquilache, o de las capas y los sombreros. Lo que pasó es bien conocido; lo que aquello significaba resulta tan enigmático que todavía nos seguimos preguntando por sus causas, sus autores, sus designios.

Es sabido que desde tiempo atrás el Gobierno español deseaba transformar muchas cosas de la vida nacional, y una de ellas era la manera de vestirse de las clases populares, sobre todo de los madrileños. Las capas enormemente largas, que permitían un concienzudo embozo bajo el cual todo podía esconderse; los grandes sombrerazos de ala anchísima, el llamado sombrero gacho o, mejor, chambergo, que ejercía una demasiado eficaz protección y vertía impenetrable sombra sobre el rostro. El rey Carlos III, a la vez que establecía, no sin protestas, el alumbrado público, quería levantar las alas que ocultaban los rostros de sus vasallos: el espíritu de la Ilustración, de las luces, por ser verdaderamente sincero —la gran fe de la época— descendía a los detalles más materiales y humildes.

Yo pienso que estas razones utilitarias —seguridad pública, conveniencia de que se pudiera reconocer a los delincuentes— no eran más que apariencia: la justificación «objetiva» de otras razones más hondas, estéticas y «estilísticas»: los hombres del Gobierno de Carlos III sin duda sentían malestar ante aquellos hombres tan de otro tiempo, tan distintos de lo que se usaba en otras partes, tan arcaicos. Yo creo que la aversión a la capa larga y al chambergo era una manifestación epidérmica de la sensibilidad europeísta y actualísima de aquellos hombres que sentían la pasión de sus dos verdaderas patrias: Europa, el siglo XVIII.

Frente a esto, el «popularismo», el sentimiento de lo «castizo», el apego a las viejas formas entrañables. Sí, ya sabemos —Ortega lo comentó con gracia y penetración hace muchos años— que el «chambergo» era el sombrero que había importado, en tiempo de Carlos II, la guardia flamenca del general *Schomberg*; que el castizo y madrileñísimo sombrero era extranjero y reciente. También el baile castizo de Madrid a fines del siglo pasado era el «chotis», y «chotis» es... *schottisch*, es decir, «escocés» ¡dicho en alemán!, algo de Escocia pasado por Alemania. Lo interesante es que, a pesar de ello, estas cosas son sentidas, vividas como propias, tradicionales y castizas.

Cuando el ministro italiano Marqués de Esquilache (Squillacce) decidió pasar a las vías de hecho, las cosas se pusieron graves. Es sabido que se prohibió a rajatabla el uso de la capa larga y el chambergo; las guardias walonas, acompañadas de sastres, se acercaban a los madrileños que transitaban solos o en pequeños grupos con la vieja indumentaria. A un portal; dentro de él, el sastre, apoyado por la fuerza de las armas, cortaba los bajos de la capa, dejándola de una longitud «europea»; en cuanto al sombrero, la cosa era sencilla: una diestra aguja daba unas puntadas uniendo el ala con la copa, por detrás y a ambos lados, un poco hacia adelante; el chambergo quedaba «apuntado», convertido en un tricornio o sombrero de tres picos.

La resistencia del pueblo de Madrid no se hizo esperar. Por lo pronto, los madrileños deshacían las puntadas del sombrero, y sus alas volvían a sombrear sus caras morenas (la capa tenía peor arreglo); cuando las cosas pasaban al revés, quiero decir, cuando los guardias eran pocos y los hombres del pueblo muchos, el pueblo pasaba al ataque; las fuerzas armadas usaron fusiles y bayonetas; las gentes de Madrid, piedras, navajas y otras armas. Hubo muertos y heridos. Cuando se quiso recordar, una buena parte del pueblo de Madrid estaba en armas y el Poder real se sentía amenazado, cosa inaudita en aquella época.

¿Quién instigó al pueblo? ¿Quién organizó el motín? ¿Hubo un plan bien urdido que dirigió los acontecimientos? Todavía no están las cosas claras, y no seré yo quien las esclarezca. Tampoco me importa demasiado. Me interesa en cambio precisar la significación *social* de este hecho insólito ocurrido hace dos siglos justos.

Entre los manuscritos del siglo XVIII que poseo —uno de ellos, apasionante, es ya conocido, porque lo publiqué en mi libro *La España posible en tiempo de Carlos III* (Madrid, 1963; incluido en *Obras*, VII)— hay uno que puede ayudarnos a preguntarnos por lo que fue el motín de Esquilache. Es bien sabido que pulularon por Madrid, y por toda España, innumerables papeles anónimos, que se copiaban y pasaban de mano en mano, en los cuales se referían los sucesos, episodios de ellos o interpretaciones de los mismos. Las versiones difieren; muchas son tendenciosas; pero a veces dejan pasar lo que a sus autores no les interesaba y a nosotros sí: los *supuestos* en que se revela la estructura social de la época.

Este manuscrito a que me refiero tiene sorprendente viveza y dramatismo; está mal escrito, con anacolutos, imprecisiones y errores en algunos nombres; la ortografía —como era frecuente en la época— es caprichosa. Lo más interesante es que conserva con extraña frescura las reacciones de los diferentes personajes que, convocados con urgencia por Carlos III, se reunieron en Palacio, el 24 de marzo de 1766, para decidir qué debía hacerse ante la tremenda amenaza. Nos parece asistir a una dramática escena. Voy a transcribir literalmente, conservando las peculiaridades del manuscrito, este relato, para intentar después extraer las consecuencias sociológicas que de él se derivan.

Consejo de Guerra que se formó en Palacio el lunes 24 de marzo del año de 1766, compuesto por los señores, Duque de Arcos, Marqués de Pliego, Conde de Gazola, Don Francisco Rubio, Marqués de Sarria, Conde de Revillagigedo y Conde de Oñate, a quien abilitó S. M. por no ser militar, y votarse presidido de S. M.

Este consejo hizo presentes las súplicas del pueblo, y lo que el Padre Cuenca havía añadido; y, para determinar y resolver con más acierto, los encargava a todos, que, con toda libertad, dixese cada uno su parecer. En vista de este mandato, se empezó a votar por el más moderno que era el Duque de Arcos, quien dixo, era en desdoro de la Magestad, el que los Vasallos, y más, un Pueblo, que tantos beneficios devía a S. M., se pusiese a capitular con el Rey, con tanto descaro; en cuyo supuesto, era de parecer, se mandase a la tropa, así de Cavallería, como de Infantería, pasase a cuchillo a cuanta Gente encontrase desde la Plaza, hasta Palacio y Puerta del Sol, y sitio donde se hallavan las Gentes que contenían el Motín, con cuyo hecho, escarmentarían los demás, y se dava exemplo a los demás pueblos, quienes, si no se hacía eso, se irían levantando cada día, a exemplo de Madrid: y executándolo, quedava la Magestad q. le es devido.

En el semblante de el Rey, se le notó el orror que le causava tal carnicería, y sin demostrarlo con las voces, mandó, a quien se seguía, expusiese su parecer; y fue el Coronel de Walones Conde de Pliego, a quien dominava la pasión y deseo de vengar su ira contra el Pueblo, por lo executado por sus soldados; y, en su consequencia, se adirió en un todo al parecer del Capitán de Guardias Duque de Arcos.

A éste se siguió el Comandante de Artillería Conde de Gazola, quien confirmó, con su parecer, a los dos antecedentes, añadiendo, que se sacase, con toda brevedad, la Artillería, de su almacén de la puerta de los Pozos, y que se plantase una junto a Santa María, y otra en la Puerta del Sol, las que jugando, a un tiempo, se acavaría luego la maniobra.

Hízole callar el Rey, y mandó al Marqués de Sarria, que votase, el qual empezó, poniéndose de rodillas; y dexando el bastón a los Pies del Rey, dixo: Primero que permita poner en execución la crueldad por los tres primeros votos determinada, dexando a estos Augustos Pies mis honores, mis empleos, y este Bastón, seré el primero que me empiece, por mí, el rigor: En cuya consequencia (prosiguió levantándose) soy de parecer, que al Pueblo se le dé gusto en lo que pide, mayormente, quando lo que pide, es tan justo, y lo suplica a un Padre tan Piadoso, tan Benigno, y tan Misericordioso, como V. M.; Por lo que, doy por concluydo todo este alboroto, y, en su defecto, aquí está mi caveza.

A este parecer se arrimó el Comandante don Francisco Rubio; y le confirmó en todos sus pareceres.

Siguióse el Conde de Oñate, quien la tomó por lo Carmelita, diciendo: Aunque estubiéramos en aquellos payses y Reynos, donde nos cuenta las Historias, que Reynavan aquellos Monarcas Ydólatras, que tenían fixados sus mayores gustos, en ver correr, delante de sus encarnizados ojos, arroyos y ríos de sangre humana, no se havían de dar semejantes pareceres, como los tres primeros; quanto más, en una Corte tan Cathólica, donde Reyna un Monarca tan Christiano, tan Piadoso, y tan inclinado a derramar Piedades: Y así, Señor, Piedad, Misericordia, y condesciéndase con el Pueblo, que, a grito herido, no se oye otra cosa más que *Viva el Rey*; y, si ha llegado el caso de ablar claro, se quexava el Pueblo con razón, pues se veía desollado por el Ministro. A fuerza de las continuadas injusticias, como, cada día, hacía con los Vasallos de V. M. y que, herido con tan azeradas puntas, no era mucho, se quexase de sus procedimientos, pidiendo su exterminio: Y que, no havía prueva más clara de la fidelidad, como la de ver, que pudiendo, por sus manos tomar venganza de tantas injurias, como lo hacían otras Cortes, no lo havían hecho, antes, se la pedían, con toda sumisión, a S. M. como Padre Piadoso: Y que éste era su parecer, y quanto en el asunto se le ofrecía, con lo que calló.

A este se siguió el Conde de Revillagigedo, quien empezó, con mucha parsimonia, diciendo: Quando los hombres están posehidos de algunas pasiones que los dominan, no deven ser atendidos sus votos en asuntos de tanta importancia, y mucho menos, si a esto se agrega la poca experiencia, o ya, por sus pocos años, o ya, porque les faltaron ocasiones de haverse visto en semejantes lances; si no es, que también digamos, que los tales, nunca son buenos para Padres de la Patria, unos, por tener muy fogosa la sangre, y otros, por ser poco inclinados al Pays donde se hallan. De esta clase, *Señor*, son los tres señores que dieron los primeros votos que con tanta paciencia ha escuchado V. M. Pues, venerando sus altas y distinguidas circunstancias, diré, Señor, y con licencia de V. M., no lo que alcanzo en su contra: Esta mañana, los Guardias de Corps, fueron apedreados, algunos de ellos, por el Pueblo, y los Guardias Walones, perecieron, algunos de ellos, por el mismo; El Gefe de estos dos distinguidos Cuerpos, son, los señores Arcos y Pliego, de que se sigue, que, por lo natural, han de tenerles inclinación; con lo que, encontramos ya con dos de la clase de los que arriva dixe, quienes devían, según previene la Ley, ser recusados, según, por estar posehidos del deseo de venganza, deviendo haverse acordado, que si cometió el Pueblo el primer desacato, ha sido, porque primero fue tratado con poca humanidad; los Guardias de Corps dieron algunas cuchilladas, y los Walones llenaron de heridos los hospitales; calles y casas de varios muertos: Y, no es mucho, que visto por el miserable pueblo el estrago fatal, procurase algún despique, por dos razones. tanbién, no deve ser atendido el voto del terzero; la primera, por la primera, por no ser natural de estos Reynos, y sí, de un pays que vituperava el Pueblo; Y la segunda, por ser patriense del Ministro a quien clamavan por su exterminio; De cuyas circunstancias resulta, Señor, estar apasionado, y, por consiguiente, posehido del deseo de venganza: De manera, Señor, que atendidas todas sus circunstancias, no deven ser atendidos, en nada sus votos, pues con ellos no atienden al bien público, ni a la quietud del estado; La evidencia de todo eso es la poca experiencia, y se viene, Señor, a los ojos.

Supongamos que se ponían en execución sus dictámenes, y que, para ello, fuese dable que viniesen prontamente, quantas tiene V. M. en sus Dominios, pues, con las q. están presentes, no son suficientes, ni ahun para intentar la hazaña, quanto más, para empezar; supongamos al Pueblo, también desarmado totalmente. ¡Que Dios, y ellos saven, las armas q. cada uno tiene a la hora de esta, y más, con los lances de esta mañana: Demos por empezado el terrible lance y cruel carnicería, y que entren por las calles llevándose por los filos de la espada, o del fuego, a todo viviente: Con las texas, Señor, con las texas solamente, no quedaría hombre ni cavallo que no muriese; y luego, qué resultas no quedarían, lo más, los enemigos de Dios y de estos Reynos; Demos que no sucediese así, sino, que lograva su intento, pasando por el rigor a millares de personas las más, y de menor número inocentes. Después, qué consequencias tan fatales se seguirían? O! Dios libre a V. M. y a todos sus Vasallos de semejantes infortunios, por su infinita Piedad; No Señor, no use V. M. y execute sus grandes talentos de Piedad, de Cathólico, y de Misericordioso, derramando Piedades, y no, fulminando Rigores, pues de este modo le hará Dios a V. M. y a todos sus Reynos y superior excelsa posteridad; Pero, más vale pasar en silencio el río de males que sobre todos llovería; y así, Señor, atiéndase al Pueblo, que a descompasados gritos, y abrumados de las insoportables cargas, dicen, Que viva V. M., que viva la Fee cathólica, y que viva el Reyno; Fuentes, de donde esperan, confiados, que ha de venir su remedio.

Éste, después de Dios, está en manos de V. M. Enseñarle al Pueblo su Real Persona, por cuya vista suspiran y anelan; condescienda V. M. con sus justas pretensiones: Vean, asimismo, la vista del Príncipe y sus Amabilísimos Hermanos, todos, dignos Hijos de V. M., con lo que clamarán sus voces, se aquietarán sus amotinados, y todo vendrá en bonanza y serenidad. Éste, Señor, es mi parecer, que todo pongo en la alta comprehensión de V. M.

Levantóse el Rey muy animoso, y se dio por concluydo el Consejo; A esto se siguió, salir una orden, para q. se retirasen los Walones, dexando entrar al Pueblo en la plazuela de Palacio, la qual fue puesta, al instante, en execución, poniéndose aquellos, a espaldas de los Guardias Españoles, y entrando este, en tanto número, que no cavía en dicha Plazuela. Executada esta orden, vino otra, para que subiesen algunos al gran salón de los Reynos, donde está S. M. con toda la grandeza.

El primero que llegó a postrarse a los pies del Rey, de 14 que subieron, fue un Zapatero calvo y viejo, con la ropa de su oficio, que visto por S. M., le preguntó, Qué quieres? a lo que respondió, con mucho desenfado, pero, con gran sumisión y sin turbarse: Señor, lo que el Pueblo de Madrid quiere y pide a V. M. es lo que contiene un papel, que ha trahido, desde la Plaza, aquel Religioso (señalándole a el mismo que también estava allí presente). A esto dixo el Rey, ya lo he visto, todo os lo concedo, menos el salir a la Plaza; Ynterpúsose Oñate, diciendo: No se le ponga a V. M. reparo alguno en salir, pues pongo mi caveza, quando el Pueblo cometa el más leve desacato, en cuanto a los Españoles digo, más que víctores y acclamaciones. A(ta)jóle el Padre Confesor, diciéndole, entre los Doze Apóstoles, todos muy queridos de Dios, y que todos mostravan adorarle, se levantó Judas, que con beso de paz le vendió: Qué savemos, si entre tanto Leal Español, avrá algún Judas estrangero, que, por denigrar a la Nación, cometa alguna alevosía? Y entre estas dudas, no es conveniente, que la Persona de V. M. se exponga.

Pues, Señor, prosiguió el Calvo, a lo menos, salga Nuestro Rey y Señor al balcón, donde, la Gente que está en la Plazuela, tenga el gusto y amor de verle, y gozar de su Persona.

Respondió el Rey: Bien, id con Dios, que hasta en esto, os he de dar gusto; Baxóse la gente, y a breve rato, salió el Rey con toda su Real Familia, menos la Reyna Madre, y se pusieron todos, en sus respectivos Balcones, a la vista de el Pueblo, el que levantó el grito de Viva, sin cesar; Y al cavo de algún corto tiempo, hizo seña el Rey, que callasen; Y después de haverse lim-

piado las lágrimas, por dos veces, dixo en alta voz que:
Hoy Hijos, todo os lo concedo de muy buena gana, y
os doi Gracias, por el afecto q. me mostráis.

Éste es el manuscrito. Y ahora hay que preguntarse
qué deja al descubierto, sin pensarlo, de la sociedad española de 1766.

2. El Estado y la sociedad

El manuscrito en que se relata el Consejo de Guerra con-
vocado por Carlos III el 24 de marzo de 1766 no termina
con esta narración. Recoge al final un par de muestras
de las coplillas satíricas que se compusieron entonces
para celebrar la derrota y destierro del poderoso D. Leo-
poldo de Gregorio, Marqués de Esquilache. El texto es el
siguiente:

Cuando Esquilache iva huyendo a Cartagena iva en-
tonando esta Jácara.

Jácara

Algún tiempo mucho fui,
ya cosa ninguna soy,
pues, se cagará en mí hoy,
quien temblaba ahier de mí;
Ruedo hoy, ayer subí,
hoy huir, ahier mandar,
mas, puesto a considerar,
justo mal se me señala,
pues una cosa tan mala,
en qué havía de parar.

Depuesto Esquilache, dixo un indiferente, este elegante

Soneto

Ayer se vio Esquilache respetar,
pero, a bien que no es hoy, lo que era ayer,
que hoy, ni el más infeliz le puede ver,
y ayer, le iva la Corte a cortexar.
Al Reyno, ayer, osava governar,
al Pueblo ruin, tiene hoy que obedecer;
y, hoy no encontrava pies para correr,

quien, ahier, no se dio manos para mandar.
Se presentava ahier con hinchazón,
y hoy, por las turbolencias de un motín,
quisiera parecer un Pobretín.
Mas, porqué ha de tener tan triste fin?
Porque engordó muy bien, y era razón,
le llegase también su San Martín.

¿Qué nos dicen estos textos de hace dos siglos? Los versos satíricos se parecen extrañamente a todos los que se han compuesto en circunstancias parecidas, por lo menos desde el final de la Edad Media hasta el siglo xix; es evidente su convencionalismo y falta de interés —y esto es lo más interesante—. Volvamos al relato transcrito. El más joven de los que intervinieron en él era el duque de Arcos (1726-1780), un hombre de cuarenta años; el más viejo, y la figura más importante, el primer conde de Revillagigedo, que había sido capitán general de La Habana y virrey de México, y que tenía ochenta y cuatro años (1682-1768). Son, pues, hombres de varias generaciones, el último formado en tiempo de Carlos II, con una larga experiencia de servicios militares y políticos. El conde de Gazzola, italiano, era un militar distinguido, fundador de la Academia de Artillería en Segovia, traído de Nápoles por Carlos III y que representaba, como Grimaldi, como Esquilache, la técnica de la administración «importada» por el rey y no arraigada en el país.

Es interesante que los tres primeros opinantes no admiten el diálogo con el pueblo, consideran el levantamiento un desacato, confían todo a la fuerza de las armas. En los cuatro restantes predomina una consideración más compleja, determinada por razones de piedad y humanitarismo, aversión a la violencia, espíritu de justicia y, finalmente, consideraciones técnicas y de prudencia. La actitud de los primeros se puede resumir así: «Esto no se puede tolerar.» La de los segundos tiene varios planos o matices. Primero: «No se puede cometer una atrocidad.» Segundo: «El pueblo amotinado tiene razón.» Tercero (éste es el punto de vista particular del conde de Revillagigedo): «El motín es una cosa muy seria y que no se puede dominar meramente por la fuerza.»

El primero de estos puntos de vista responde a lo que significó en España el siglo xviii —un rasgo que no se ha solido subrayar—: la falta de violencia. La historia de España ha sido con frecuencia violenta y hasta sangrienta en muchos periodos; el XVIII es una sazón de extraña apacibilidad, de respeto a la vida humana, de moderación. Desde el final de la Guerra de Sucesión —que es una guerra y en la que perdura aún el viejo espíritu— hasta la invasión napoleónica de 1808, durante casi cien años, hay un mínimo de violencia en España, un máximo de convivencia pacífica; no hay revoluciones, ni represiones sanguinarias, ni atentados, ni ejecuciones; incluso la Inquisición reduce a un nivel muy bajo su virulencia: la mejor prueba de ello es la impresión que produjo algo tan venial —si se lo compara con los usos del XVI y XVII— como el autillo en que fue condenado Olavide, al cual se le dieron bien pronto los medios de escapar.

La segunda consideración descubre una preocupación por algo que va más allá de las relaciones de poder: la justicia. El pueblo de Madrid está amotinado; antes de decidir que hay que reducirlo a la obediencia, estos hombres se preguntan: ¿por qué? Y encuentran que en conjunto hay una base de justificación, que ha sido tratado inadecuadamente, que tiene motivos de queja. El uso de la fuerza contra la razón —al menos un torso de razón, aunque el amotinamiento sea en sí mismo inaceptable— parece inadmisible a estos hombres de 1766.

Finalmente, el conde de Revillagigedo no comparte el optimismo de los consejeros belicosos. Éstos creen que las tropas resuelven la cuestión en un periquete; el conde de Gazzola, que confía en su Artillería, piensa que con dos baterías bien manejadas se acaba el motín. Revillagigedo piensa lo contrario: que la cosa es muy grave, que el pueblo es numeroso y está ya bien armado, que los soldados recibirán nubes de piedras y tejas y no podrán desenvolverse, que el espíritu de rebelión cundirá; en suma, que el Poder público está seriamente amenazado. Esto es lo más importante. ¿Quiere esto decir que en pleno siglo XVIII la función del mando aparece como vulnerable, expuesta a una amenaza popular? Con esto entramos en lo más delicado de la cuestión.

¿De qué Poder se trata? No del Poder real. El motín se hace contra Esquilache y *en nombre del Rey*, dando vivas a Carlos III. Hay una hostilidad popular contra el aparato estatal, representado por el ministro, pero esa hostilidad se apoya en el Rey. Y ocurre preguntarse: la opinión pública del siglo XVIII ¿considera al Rey como parte de ese aparato estatal? Dicho con otras palabras, ¿hubiera aceptado, hubiera entendido que se llamara al Rey «Jefe del Estado»? ¿No era más bien «cabeza de la Nación»? Dicho con otras palabras, si distinguimos —lo que no se hacía entonces con claridad, ni todavía hoy con la suficiente— entre la sociedad y el Estado, ¿no es el Rey cima de la sociedad, no pertenece a ella? Sólo esto explicaría la compacta, firmísima *legitimidad* de la monarquía del siglo XVIII, basada en un pleno *consensus social*. Y esto mostraría también que al producirse un quebrantamiento de ese *consensus*, y por tanto de la legitimidad social, la única salida, el único remedio eficaz, fuera la expresión explícita de ese *consensus* social, es decir, la *democracia*. Esto es lo que Fernando VII y sus consejeros no pudieron ni quisieron comprender, al destruir la obra de las Cortes de Cádiz; pero resulta bien claro que fueron ellos los que destruyeron la legitimidad de la monarquía, sustituyendo el viejo *consensus*, ahora democráticamente renovado y restablecido, por la arbitrariedad de un poder personal, enteramente ajeno a lo que había sido la monarquía.

Carlos III es la suprema instancia *social* a la cual recurre el pueblo —es decir, la nación— frente al atropello o la violencia del Estado. Lejos de formar cuerpo con el aparato del Estado, el Rey lo constituye con el pueblo; y esto es lo que se entendía por Constitución, antes de que hubiera ningún texto legal llamado así. La Constitución escrita, la ley constitucional, es una vez más la expresión explícita de esa realidad, la nueva versión democrática que se hace necesaria. La democracia moderna, lejos de ser una destrucción del orden antiguo, es su reconstrucción, una vez que ha sido quebrantado por la arbitrariedad, el abuso y el despotismo.

La cosa resulta todavía más clara si se recuerda el contenido del motín de Esquilache, la causa ocasional que lo desencadenó. Se trataba de la imposición de una manera de vestir. Ahora bien, el modo de vestir es un *uso*, se entiende, un uso *social*. Es la sociedad la que, con sus presiones vagas y difusas, pero no menos enérgicas, regula cómo se visten las gentes. La intervención del Estado era un caso clarísimo de usurpación de funciones sociales.

Y esto no se admite, no lo acepta nunca una sociedad elástica y vivaz.

Los fiscales del Consejo de Castilla, cuando fueron consultados sobre la conveniencia de dictar el bando de Esquilache, fueron mucho más perspicaces y prudentes. Sabían que «las capas largas son de reciente introducción», y les parecía bien que se usara la corta, que además de sus ventajas era la verdaderamente tradicional; pero advertían: «verdad es que desde aquel año (1745) ha cundido la capa larga en todo el reino, y la reforma es muy difícil, y pide tiempo y medios: al contrario las capas cortas fueron el traje general de esta nación con ropilla y espada». Y, conociendo el funcionamiento de la realidad social, añadían los fiscales: «Que en adelante las capas que se hicieren después del bando sean cortas, de modo que les falte una cuarta o poco menos para llegar al suelo. Que la pena sea solo de un peso por el sombrero redondo que se aprenda...»

Unos meses después, ya terminados los motines —a veces violentos, y que suscitaron alguna dura represión— que se produjeron en otros lugares de España, fue nombrado Presidente del Consejo y Capitán general de Castilla la Nueva el Conde de Aranda. Éste, además de remediar muchos abusos, tomó la vía social para modificar el traje español: pidió amistosamente a las personas distinguidas —grandes, altos funcionarios, etc.— que adoptasen la capa corta y el sombrero de tres picos; cuando estuvieron estas prendas de moda en los estratos superiores de la sociedad, persuadió a los representantes de los Cinco Gremios mayores a que hicieran lo mismo; el 16 de octubre de 1766 convocó en su casa a los representantes de los 53 Gremios menores para expresarles cuánto le complacería que adoptasen el nuevo traje; la persuasión, actuando de arriba abajo, consiguió en pocos meses la transformación que había amenazado con ser causa de un tremendo trastorno político. Se cuenta, aunque no parece fácil comprobarlo, que el verdugo y sus ayudantes usaban entonces la capa larga y el chambergo, para completar su desprestigio *social*. Aunque no sea cierto, basta con que se haya pensado en ello para que resulte claro el sentido general de este proceso.

Si releemos el diálogo entre el zapatero calvo, con la ropa de su oficio, que hablaba «con mucho desenfado, pero con gran sumisión y sin turbarse» y Carlos III, Rey de las Españas, podemos ver, en las líneas de este viejo manuscrito, una interpretación de las relaciones entre la sociedad y el Estado, una teoría del Poder, una diferenciación entre lo que es fuerza y lo que es autoridad, que quizá tienen validez más allá del siglo XVIII.

1966.

El programa del siglo XVIII

Don Melchor Rafael de Macanaz tuvo una vida determinada por la longevidad (1670-1760) y la grafomanía: innumerables manuscritos suyos, en folio, cuarto y octavo, se empolvan en diversas bibliotecas públicas y privadas, y sólo en estos días empieza a perfilarse un poco su figura política e intelectual. Es bien sabido que Macanaz es el nombre representativo del *regalismo* español del siglo XVIII, nombre que en rigor sólo significaba la voluntad de establecer en España un Estado secular, de hacer que la Iglesia abandonara las funciones y prerrogativas temporales que había asumido por diversas razones históricas durante siglos, y las traspasara a la sociedad, representada por su cabeza, el rey.

La carrera de Macanaz, iniciada en tiempo de Carlos II, continuada con la nueva dinastía de Borbón, inseparable del renacimiento político iniciado con Felipe V, se trunca irreparablemente en 1714, cuando el Inquisidor general, cardenal del Giudice, condenó desde París el documento que Macanaz había presentado, como fiscal del Consejo de Castilla, y por orden del rey, y que había de conocerse con el nombre de *Pedimento del Fiscal*. Este *Pedimento* era la base jurídica de la transformación político-económica que Macanaz proponía. Se trataba de un documento archisecreto, que sólo debían conocer el rey y los consejeros de Castilla, pero alguna infiltración hubo, cuando el cardenal Francisco del Giudice lo describía con exactitud, citando sus primeras y últimas palabras. A pesar de la protección del rey, de que éste desaprobó la conducta del inquisidor, Macanaz tuvo que abandonar España, para servir de vago representante y consejero del monarca por toda Europa, y cuando ya viejo volvió a España, pasó en prisión los últimos doce años de su vida, salvo los pocos meses finales, hasta la muerte en su Hellín natal. Rara vez un escrito ha tenido tan largas consecuencias para su autor.

El *Pedimento del Fiscal* no fue publicado hasta 1841. Se suponía que no existían más copias que las destinadas al rey y los consejeros, ya que el abad de Vivancos, secretario del Consejo, pidió, al disolverse éste, instrucciones sobre qué debía hacer con el ejemplar que conservaba, lo cual revela la naturaleza explosiva del documento. Pero sin duda no fue guardado el secreto con tanto rigor, ya que poseo una copia manuscrita del siglo XVIII, completada con una copiosísima lista de variantes con el texto de otros ejemplares, de tal manera que puede servir de base para una edición crítica.

Pero lo que aquí me interesa no es esto, sino que al manuscrito del *Pedimento* antecede un breve *Memorial* que resume el sentido entero de lo que la primera generación ilustrada del siglo XVIII español pretendía realizar. Lejos del lenguaje técnico, de abogado, canonista e historiador, con que el *Pedimento* está redactado, el *Memorial*, vivo, coloquial, garboso, mordaz, con rasgos ocasionales de cuadro de costumbres, resume en pocos párrafos lo que Felipe V, Fernando VI y Carlos III habían de hacer en los tres cuartos de siglo siguientes. Que yo sepa, nunca se ha impreso; en todo caso, no consta; personalmente no lo he visto citado ni siquiera una vez. Creo que vale la pena darlo a luz. Y por tratarse de manuscrito tan puntilloso en cuestión de variantes, lo transcribo literalmente y respetando los detalles de su ortografía, salvo nimiedad de puntuación o abreviaturas.

Memorial con las Proposiciones que dio Dn. Melchor de Macanaz al Rey Dn. Phelipe V el año de 1714 para el buen Govierno y felicidad de la Monarchía.
SEÑOR
Dn. Melchor de Macanaz, puesto a los Pies de V.R.M., dice: Que el ardiente zelo que tiene a V. M., el sumo deseo que le asiste de que esta Monarchía logre una extensión (como puede por sus riquezas) sobre todas las demás, le excitan a las proposiciones siguientes.

El territorio Español, S.C.R.M., bien governado, no

tiene igual; no hai Nación más opulenta que la Española; ha llovido el cielo el Manná en ella; No tiene necesidad de mendigar cosa alguna; Y será este el Reyno más temido y venerado: V. M. el Monarcha más superior; Y sus vasallos los más felices, executando lo siguiente.

Llene y fecunde V. M. sus Españoles Golfos de naves y máquinas navegables; No hay en parte alguna más materiales para este fin, como en el Reyno de V.R.M.; Bien prevenidos los mares de Navíos de Línea, Guerra y demás, servirán de asombro al enemigo; al tiempo que varios Javeques y Naves de transporte faciliten al Reyno de V. M. el más seguro y el más florido comercio; No conduciendo cosa de payses extrangeros (pues de nada tiene España necesidad); sino llevando géneros de este a otros Reynos, vendiéndolos (como deve ser) a buen precio, y llenando este Reyno de oro, además de el mucho que (por naturaleza) le ha dado el Cielo.

Esto, SEÑOR, se consigue mandando: Que, sin intermisión, travagen en los Puertos de Cádiz, Ferrol, Cartagena y demás, en la construcción de todo género de máquinas navegables; Precisando a esto, no solamente a los volontarios, sino a tanto inútil ocioso, vagabundo, y mozos perdidos y mal ocupados, que con unas capas rotas pasean las calles con irrisión de los Nacionales [1] que se aprovechan de la pobreza Española para enriquecerse.

Lo primero, me obligo a que V. M. lo consiga y de tal modo, que puede V. M. poner en los mares (cada vez que sea necesario) una armada para cualquiera expedición, que será (sin dificultad) más gloriosa que todas las que pusieron en los mares Ferdinando el V el cathólico, y el Gran Phelipe II; pues entonces havía govierno, que ahora falta, y dinero, este sobra, Señor! Bien recogido el Comercio y governado el Reyno; Y qué más hay? tenemos en los modernos inventos mucho más adelantado para la construcción de las Naos, así en la brevedad, como en el primor.

Quite V. M. tanto número de oficinas, secretarías, tribunales, que solo sirven para producto de la confusión; más a propósito son para el entretenimiento y caos, que para el recto agregado de los despachos universales. Regístrense, Señor, todas las oficinas y tribunales superfluos; y se verá que entre doce que travajen, hai cinquenta que se duermen y gastan el tiempo en plácticas infructuosas, y por las tardes entregados

1. Es decir, los extranjeros.

al ocio, excepto tal qual oficina, donde se travaja muy poco o por tarde o por noche; Pues qué remedio? Redúzcase todo, Señor, a dos cuerpos: Una thesorería general, una oficina de la misma especie, y todo con los necesarios (nada más) Gefes y Plumistas hábiles, inteligentes y travajadores por mañana, tarde y noche, pues así como no rehusan tomar el estipendio (que en este caso puede ser más crecido), tampoco deven huir del travajo a qualquiera hora; Replican (y es réplica vulgar) que de poco sirve la grandeza de un Monarcha, si no da de comer a muchos.

Ningún monarcha, Señor, deve mantener más de lo necesario, ni zánganos en la colmena de su Reyno, siguiendo Leyes Divinas, Naturales, Políticas y Morales. Fuera de que de esto resulta el recto despacho, y el destierro de *Galimatías* que llaman los franceses, y nosotros, confusión; Y qué bienes resultarán de esto? Lo primero, verse socorridas (con lo que se quita de lo que es inútil) muchas infelices viudas, cuyos maridos han muerto en las campañas, y consiguientemente el alivio de muchos militares inválidos que se ven precisados (como dicen vulgarmente) a ir a la sopa de San Francisco; Y después de esto sobrará mucho para el Erario de V. R. M.

También deve V. M. promover el Comercio, en sus Reynos, de todas especies y géneros vendibles, y dar, a todos los que tuvieren genio de comerciar, dinero para obra y empresa tan útil; Y yo aseguro a V. M. que si no huviera tanta gente empleada en las secretarías y demás oficinas, quitando lo superfluo que tengo expresado, se aplicarían los Españoles al Comercio; el que en España podía florecer más que en otra parte de las naciones de la Europa: y estas (especialmente la Francia) se aprovecha del natural dexamiento español, y se enriquece, al paso que esta pobre Monarchía se va, cada día, más y más empobreciendo.

Es cosa ridícula, Señor, ver cómo los españoles abominamos el Comercio; siendo así que ésta es la llave con que se abre la puerta del thesoro de las riquezas: Y siendo cierto que el Comercio no se opone a los más nobles y distinguidos, como lo vemos en las Potencias estrangeras.

Ablando, Señor, de vuestro Real Consejo: a qué fin tantas separaciones? A qué asumpto, sala de estas dependencias, y sala de las otras? A qué asumpto tanta confusión? quando sólo el Consejo, y con muchos menos Consejeros y Ministros, bastan para los espedientes; Y sucede, Señor, lo mismo que en las oficinas, gastar el tiempo, meter ruido, y nada más. Esto lo prueva la lentitud de los negocios, la tardanza de los despachos, y lo remiso de andar en todas aquellas dependencias, que devieran promptamente despachar y dar feliz éxito y salida: Haya menos Consejeros, y estos, zelosos y capaces en el Derecho civil; y no se seguirá tanto perjuicio a los pobres litigantes: Y no que (como dixo el Señor Phelipe II) aunque ganen el pleyto, en España, los pretendientes, es mucho más, sin comparación, el daño que se les ha hecho en la tardanza, que el bien que se les ha seguido en la ganancia del pleyto; en lo que es justo despachar, porque, Señor, en España se ocupa mucho el tiempo en el Consejo (a distinción del Parlamento de París y Londres) en ablar del tiempo; De si la muger de Fulano parió bien o mal; si la comedia estuvo buena o mala etc.; y en esto, da la hora, y los pobres pretendientes y pleyteantes, se quedan a obscuras.

Nombre V. M. por Governador del Consejo a un hombre práctico en la Jurisprudencia, no a un Obispo, porque este deve ir a cuidar a sus ovejas: Y auque sea muy theólogo, save más, por precisión, un Avogado (aunque sea muy corto) que el dicho Governador; Y así, en este empleo, como en todos los demás, deve V. M. nombrar los sugetos prácticos en cada cosa: porque es cosa ridícula, que mande un viaje por la mar el que no ha visto las arenas; Que govierne un pueblo, un Capitán, que ahún no ha savido governar una Compañía.

En Indias y Marina, ponga V. M. los más experimentados, como en el Ministerio de Guerra y Hacienda; porque es cosa insufrible que las Naciones estén, a gritos, diciendo que en España se dan los encargos a quien no está práctico en ellos.

Deve también V. M. hacer que todos los vasallos de su Reyno contribuyan al año con un tanto, que es lo que se llama «Catastro» o tributo de vasallage: Esto es, que buelva al Real Erario lo que es suyo, para que así V. M. reconozca vasallos; y estos superior: De modo que se verifique aquello de la Sagrada Escritura: «Reddite quae sunt Caesaris, Caesari; et quae sunt Dei, Deo»; pagando todo el que tuviere hacienda o bienes raízes, a proporción de un tanto al año; menos los que tuvieren bienes Castrenses, esto es, Ganado, como porque no tiene cosa alguna de natural posesión; Y de esto se seguirá quitar el Derecho de puertas, y que todo género comestible entre libre, sin pagar. Vendrá el Labrador a vender el mejor trigo, y todo lo más selecto que tuviesen, excepto café, thé, cacao y todo género de contrabando: Lo demás no importa que entre libre, porque, de no ser así, sirve, no para V. M., sino para que coman cuatro logreros que hay en las puertas con nombre de Guardas.

Siento decir a V. M. que en esto de la paga, cada año deven los Frayles contribuir con mucho más que los seglares, porque tienen, en España, agotado el Real Erario; y en posesiones de haciendas, son más ricos que V. M., contra su instituto, que les manda vivir de la contribución de los Devotos y nada más. Con número determinado de Religiosos, sin tener tavernas, Boticas, tablas de comercios públicos, Agencias, Negocios, etc.; todo perjudicial al Real Erario, a los vasallos de V. M. que, muchos cargados de familia, no tienen que comer, por tomar los Frayles lo que es propio de los seglares; y es indecorosísimo este modo de vida a los Religiosos: contra todas Leyes, Divina, Moral, Política y Natural. Esto, lo afirman los Concilios Constanciense, Tridentino, Calcedonense, Decisiones de la Sacra Rota, Bullas de los Sumos Pontífices; y hasta el Derecho Civil, Legal, Moral, y todos los Santos Padres.

San Gerónimo, en sus epístolas, dice: «Clericum negotiatorem, tanquam quamdam pestem fuge.» Y si esto dice el Máximo Doctor, y con el San Gregorio Nazianzeno, San Juan Chrisóstomo, San Basilio y otros muchos Beatificados Doctores, ablando de clérigos seglares; Qué dirán de los Religiosos o Frayles consagrados a Dios con el voto de pobreza, y que han de vivir «intra claustra»?

Ha! Señor, esto solo se permite en España. V. M., para evitar tanto mal, mande que por espacio de veynte años no se admitan novicios; y se quitarán tantos comercios ilícitos como tienen los Frayles, contra el bien común, con escándalo universal.

En cuanto a la Corte Romana, puede V. M., no negando la obediencia al Papa sumo Pastor, ni dexando de admitir las dispensas y bullas necesarias, proveer lo que fuere más de su Real agrado; porque V. M., en sus Dominios, es Dueño (como conquistados por sus Antecesores, y por ellos libres de la morisma y mala secta mahometana) de todo lo Espiritual y temporal.

Éste es mi sentir: V. R. M. mande que, entre los mayores theólogos, se examinen mis Proposiciones, en junta que para este fin puede V. R. M. formar; Que yo estoy pronto a la Demostración de ellas, como Cathólico, Apostólico, Romano.

V. R. M. reciva mi buen zelo, que es el origen de mis proposiciones; y de lo que la Grandeza de V. R. ánimo puede estar bien satisfecho.

Éste es el manuscrito del *Memorial* de Macanaz. Acaba de terminar la Guerra de Sucesión; Felipe V se dispone a organizar de nuevo España; Macanaz formula un amplio programa político, lleno de preocupación por el estado presente de las cosas, lleno de esperanza por sus posibilidades.

Macanaz está lejos del «arbitrismo» que floreció en el siglo XVII, del que tan graciosos ejemplos aparecen en el *Buscón*, de Quevedo, y que nunca ha faltado en España. Lo que propone al rey es una línea de acción coherente, definida por ideas muy precisas sobre los males de España y sus remedios. Comparte todavía Macanaz la vieja idea de los «loores de España»: la riqueza natural del territorio; hay que advertir que está pensando en lo que era entonces la Monarquía española en su totalidad, es decir, no sólo España misma, sino todo el Imperio ultramarino; no sólo España, sino las Españas —la alusión al oro y a la plata que posee «por naturaleza» es suficientemente clara—. Pero en seguida advierte que esa riqueza está mal utilizada y en cierta medida anulada por defectos sociales y políticos, que han empobrecido a España.

Faltan barcos sobre todo. «La Flota de España / dos navíos y una tartana», se cantaba en el reinado de Carlos II, en la juventud de Macanaz. El país que había puesto en pie de guerra la Felicísima Armada —imprudentemente llamada por algunos la Invencible— para verla destruida en 1588; que había podido construir otra todavía mayor en el espacio de diez años, antes de la muerte de Felipe II, había visto desaparecer su marina, alejarse América, al desorganizarse las comunicaciones, paralizarse la compleja vida de aquella Monarquía extendida por todos los mares.

Paralelamente a las construcciones navales hay que llevar al trabajo a la totalidad de la población; hay que eliminar la vagancia, vencer el desdén por el comercio, superar los prejuicios nobiliarios. Hay que simplificar la máquina administrativa, aligerar la burocracia, disminuir la «cinta roja» con que se ataban los legajos en las covachuelas, lo que se llama todavía hoy en inglés «red tape» y los españoles llamaban «balduque» (de Bois-le-Duc o s'Hertogenbosch, donde se fabricaba). Macanaz propone que haya pocos empleados de jornada completa y bien pagados, en lugar de los innumerables dedicados al «hacer que hacemos», a la conversación y la tertulia, a la demora y la ineficacia.

Buen mercantilista, Macanaz confía en el comercio exterior, en la exportación que completará los metales preciosos; y cree también en la supresión de las aduanas interiores, en los «consumos» que dificultan el tráfico; sería interesante aforar con alguna precisión la influencia de estas medidas en la formación de la verdadera nacionalidad española a lo largo del siglo XVIII.

Y en esta línea, Macanaz apunta a la verdadera cuestión: la competencia. La selección de los mejores, como norma de toda política; que los puestos sean ocupados por los que tienen capacidad para desempeñarlos; que España vuelva a la moral pública de los Reyes Católicos o de Carlos V, no a la de los «gobernantes invidentes», de que ha hablado tan agudamente Menéndez Pidal, esa raza que no se extingue.

Y la sustancia de todo el *Memorial* es la necesidad de secularizar la administración y la vida económica. La parte más vibrante y apasionada del escrito se refiere a la reducción de los eclesiásticos a su función propia. Macanaz, excelente canonista, habla tanto por su condición de fiel católico como por la de consejero del rey. La Iglesia es más rica que éste, invade la jurisdicción real; los frailes usurpan los bienes y las empresas de los seglares, siendo infieles a su propia vocación y condición de religiosos. De la purificación de las relaciones entre la Iglesia y la sociedad civil espera Macanaz la perfección de ambas.

Ya sabemos cuál fue la suerte de Macanaz, tan adversa, tan opresora, tan llena de frustración, que desvió totalmente sus indiscutibles talentos. Al tener que operar en el vacío de la emigración, Macanaz se fue haciendo arbitrario y arbitrista, grafómano y abstracto, siempre agudo, pero muchas veces irreal.

Pero cuando leemos, por ejemplo, la dedicatoria a Fernando VI que en 1750 escribió Feijoo al tomo III de sus *Cartas eruditas y curiosas*, cuando lo vemos, lleno de fe y entusiasmo, proclamar que ahora todo se hace bien, que España va hacia adelante, que la marina crece y se hace pujante, que la administración es eficaz, que se pagan los sueldos y se trabaja, que los gobernantes son competentes, que se suprimen aduanas y trabas, que se protege el comercio, que los impuestos son menores y hay dinero para grandes empresas, que las ciencias y las artes se protegen y estimulan, que se importan sabios, técnicos y artistas para que enseñen a hacer las cosas de nuevo a un país que las había olvidado, no podemos menos de pensar que Macanaz, al comenzar la normalidad, recién terminada la guerra, había formulado en estas pocas páginas vehementes y casi coloquiales, salpicadas de viñetas pintorescas de la vieja España, «el programa del siglo XVIII».

Índice onomástico

Abadía y Méndez, Miguel: 67.
Absalón: 137.
Acosta, José de: 68.
Aguilar Piñal, Francisco: 166.
Alba, Fernando Álvarez de Toledo, duque de: 44.
Alberoni, Julio: 53.
Alberto Magno, san: 50, 134.
Alcuino de York: 49.
Alejandro Magno: 66, 167.
Alembert, Jean le Rond d': 16, 89, 100, 143, 150.
Alexandro, Natal: 67.
Alvarado, Pedro de: 44.
Andrés, Carlos: 84, 85.
Andrés, Juan: 14, 25, 75, 82, 84, 85, 86, 87, 88, 89, 90, 91, 94, 114, 122, 125, 128, 129, 153, 164.
Andújar, Martín de: 68.
Anes, Gonzalo: 37.
Anselmo, san: 50.
Ansón, almirante: 150.
Antonio, Nicolás: 44.
Aquenza, Pedro de: 124.
Aranda, Pedro Pablo Abarca y Bolea, conde de: 183.
Aranguren, José Luis L.: 11.
Arcos, duque de: 174, 175, 176, 180.
Arfe, Juan: 68.
Ariosto, Ludovico: 93.
Aristóteles: 57, 66, 76.
Arnauld, Antoine: 67.
Aubertin, Edmond: 67.
Augusto, Cayo Julio César: 45.
Averroes: 150.
Avicena: 76, 150.
Aznar, Pantaleón: 124.

Bacon, Francis: 52, 57, 143.
Baluzio: 67.
Barba, Alonso: 68.
Basilio, san: 190.
Basnage, Jacques: 67.
Bayle, Pierre: 16, 66.
Bazán, Álvaro de: 44.

Beccaria, César de: 17.
Berenguela de Castilla: 146.
Bernardo, san: 51.
Bernoullis, los: 85.
Berti: 67, 80.
Bertrand, Aloysius: 143.
Bettinelli, Saverio: 125.
Bèze, Théodore: 67.
Billaurt, Charles René: 80.
Bingham: 67.
Blois, Guillaume de: 51.
Boerhave, Hermann: 91.
Borrego, Antonio: 64, 65.
Borrego, Tomás: 64.
Bossuet, Jacques Bénigne: 67, 87.
Bourdalue, Louis: 80.
Bourgoing, J. F.: 105, 106, 107, 108.
Bowles, Guillermo: 68.
Boyle, Robert: 18, 87.
Buffon, George Louis Leclerc, conde de: 143.
Burnet, Frank Macfarine: 67.

Cabot, Sebastián: 66.
Cadalso, José: 15, 25, 37, 38, 79, 82, 94, 114, 123, 125, 128, 130, 153, 154, 155, 156, 161, 164.
Calas, Jean: 17.
Calmet, Augustin: 67.
Calvino, Jean: 67.
Campomanes, Pedro Rodríguez Campomanes y Pérez, conde de: 68.
Cano, Melchor: 60.
Capmany y Montpalau, Antonio de: 18, 165, 166, 167.
Carlomagno: 49.
Carlos II: 29, 41, 92, 173, 180, 185, 191.
Carlos IV: 6, 28, 29, 82, 109, 113, 115, 121, 122, 123, 167, 170.
Carlos V: 136, 150, 192.
Carlos IX de Francia: 170.
Casas, Bartolomé de las: 66.
Cassini, Giovanni: 84, 87, 91, 143.

Goudin: 80.
Goya y Lucientes, Francisco de: 153.
Grassi, senador: 84.
Graveson: 67.
Gregorio Nazianzeno, san: 190.
Grimaldi: 180.
Grocio, Hugo: 67.

Hales, Alejandro de: 50.
Haller, Albrecht von: 91, 143.
Halley, Edmond: 84.
Hardino: 67.
Hauteville: 67.
Hazard, Paul: 24.
Hegel, Georg Wilhelm Friedrich: 22.
Helman, Edith: 25.
Hernández Pacheco, Isidoro de: 37.
Herr, Richard: 25, 36, 64, 95, 96, 102.
Herrera, Antonio de: 44, 148.
Hipócrates: 76.
Hire, Laurent de la: 84.
Hoffmann, Ernst Theodor: 85.
Homero: 131.
Hopital: 84.
Horacio Flaco, Quinto: 76, 126.
Hugenio: 87.
Hugo, Victor: 24.
Huygens, Christian: 18, 52.

Iriarte, Bernardo de: 54.
Iriarte, Domingo de: 64.
Iriarte, Tomás de: 64, 94, 99.
Isabel I de Castilla: 75, 119, 192.
Isla, José Francisco de: 83, 84, 124, 125, 164.

Jacquier: 80.
Jansenio, Cornelio: 50, 67.
Jean-Paul, Frederic Richter, *llamado*: 15.
Jerónimo, san: 190.
Johnson, Samuel: 15.
Jovellanos, Gaspar Melchor de: 25, 26, 82, 113, 114, 129, 153, 171.
Juan, Jorge: 88, 99.
Juan Crisóstomo, san: 190.
Juan Evangelista, san: 101.

Kant, Immanuel: 14, 18, 154.
Kepler, Johannes: 18, 143.

Labbé, Philippe: 67.
Lafuente Ferrari, Enrique: 11.
Laín Entralgo, Pedro: 11.
La Mettrie: 18, 19.
Lampillas, Francisco Javier: 128.
Lapesa, Rafael: 11.
Larra, Mariano José de: 69, 73.
Larroca: 67.
Laud, William: 67.
Launoy, Jean de: 67.
Lauria, Roger de: 44.
Leibnitz, Gottfried Wilhelm: 13, 18, 57, 58, 65, 66, 85, 91, 143.
Leiva, Francisco de: 44.
Lessing, Grotthold Ephrain: 15.
Lightfoot, Joseph Barber: 67.
Linné, Carl von: 91, 143.
Locke, John: 52.
Lombardo, Pedro: 50.
Luca: 100.
Lucano: 56.
Lucrecio: 56.
Luis VII de Francia: 137.
Luis XII de Francia: 150.
Luis XIII de Francia: 52.
Luis XIV de Francia: 25, 88, 149, 150, 162.
Luis XV: 150.
Luis XVI de Francia: 24, 25.
Luis Felipe I de Francia: 24.
Luxán, duque de Almodóvar, Pedro de: 96, 97, 98, 99, 100, 101, 102, 103, 104, 114.
Luzán, Ignacio de: 88, 95.

Llull, Ramon: 132.

Mabillon, Jean: 67.
Macanaz, Melchor Rafael de: 25, 108, 185, 186, 191, 192, 193.
Magallanes, Fernando de: 66.
Mahoma: 117.
Mahomet: 150.
Mairan, Jean Jacques Dortous de: 143.
Malebranche, Nicolás: 13, 19, 20, 22.
Malvezzi, cardenal: 125.
Marca, Pierre de: 67.
Marcial, Marco Valerio: 39.
María Luisa de Parma: 113.
Mariana, Juan de: 44.
Martí Franqués, Antonio de: 88.
Martínez, Martín: 124.
Martínez Marina, Francisco: 26.
Marx, Karl: 22.
Massillon, Jean-Baptiste: 80.

Índice

Colección Ensayo

Obras publicadas